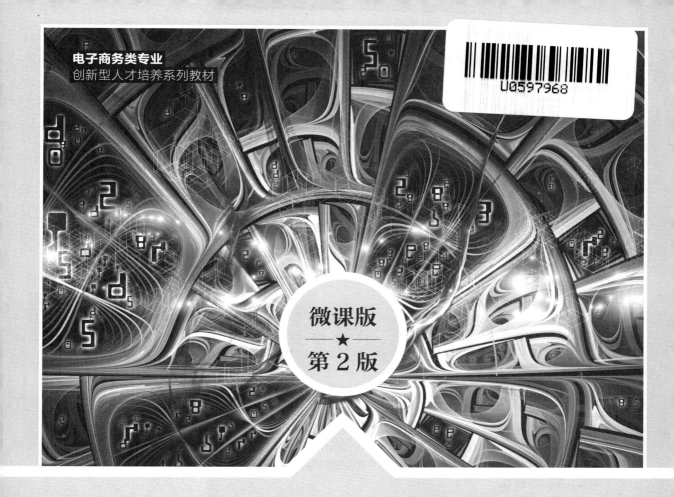

电子商务类专业
创新型人才培养系列教材

U0597968

微课版
★
第 2 版

新媒体文案
策划与写作

马志峰 刘义龙 / 主编　　**胡永锋 袁向华** / 副主编
厦门网中网软件有限公司 / 组编

人民邮电出版社
北　京

图书在版编目（ＣＩＰ）数据

新媒体文案策划与写作：微课版 / 马志峰，刘义龙
主编. -- 2版. -- 北京：人民邮电出版社，2023.2
电子商务类专业创新型人才培养系列教材
ISBN 978-7-115-60318-0

Ⅰ. ①新… Ⅱ. ①马… ②刘… Ⅲ. ①媒体—文书—
写作—教材 Ⅳ. ①G206.2

中国版本图书馆CIP数据核字(2022)第200132号

内 容 提 要

　　在信息高速传播的新媒体时代，新媒体文案只有被广泛传播才有意义，那些具有传播价值的新媒体文案，不仅可以以较低的成本给企业和品牌带来高收益，而且可以在短时间内迅速提高企业和品牌的知名度和美誉度。本书从新媒体文案策划与写作的角度出发，介绍了新媒体文案基础、新媒体文案写作的前期准备、新媒体文案的具体写作、软文写作、产品和品牌文案写作、新媒体平台中的文案写作及视频和直播文案写作等内容，以帮助读者全面地掌握各类新媒体文案的写作技巧，提高读者的新媒体文案写作能力。

　　本书既可作为应用型本科院校和高等职业院校网络与新媒体、电子商务、广告设计等专业相关课程的教材，也可作为从事新媒体文案写作工作的相关人员的参考书。

◆ 主　　编　马志峰　刘义龙

　　副 主 编　胡永锋　袁向华

　　责任编辑　刘　尉

　　责任印制　王　郁　彭志环

◆ 人民邮电出版社出版发行　　　北京市丰台区成寿寺路 11 号
　　邮编　100164　　电子邮件　315@ptpress.com.cn
　　网址　https://www.ptpress.com.cn
　　三河市祥达印刷包装有限公司印刷

◆ 开本：787×1092　1/16
　　印张：15　　　　　　　　　2023 年 2 月第 2 版
　　字数：365 千字　　　　　　2025 年 6 月河北第 8 次印刷

定价：54.00 元

读者服务热线：(010)81055256　印装质量热线：(010)81055316
反盗版热线：(010)81055315

前言
FOREWORD

为了满足应用型本科院校和高等职业院校网络与新媒体、电子商务、广告设计等专业相关课程的需要，培育出精准符合市场需求的全面型人才，我们于2019年编写了《新媒体文案策划与写作（微课版）》一书。该书自出版以来，深受广大院校教育工作者的喜爱，并受到了广大读者的好评。但随着新媒体行业的发展，以及高等教育教学需求的变化，《新媒体文案策划与写作（微课版）》的部分内容已不能满足教学需要，为此，我们对《新媒体文案策划与写作（微课版）》进行改版，编写了《新媒体文案策划与写作（微课版 第2版）》。本书在保留原版优点的基础上更新了知识点，同时补充了更具实操性的内容，并且为便于读者吸收和掌握知识点，每章还补充了课后练习。总体而言，此次改版主要集中在以下3个方面。

（1）更新知识点和引导案例。基于当前新媒体文案创作思路的发展和岗位需求的变化，本书更新了陈旧的知识点，如删除了新媒体销售文案写作的相关内容，新增了产品和品牌文案写作、今日头条文案写作、视频和直播文案写作等内容。并且，本书更新了章前引导案例，选取了新近发生的经典案例作为示例，供教师教学和读者学习参考。

（2）增加实操性内容。当前，不少企业和品牌要求新媒体文案写作人员具备较强的实操能力，为帮助读者更好地就业、创业，本书增加了不少具有实操性的内容，包括每章末尾综合性较强的实训及课后练习。

（3）服务立德树人。本书将党的二十大精神与新媒体的实际工作结合起来，注重立德树人。为帮助读者树立正确的价值观念，本书还设计了职业素养栏目，以加强对高素质新媒体文案写作人才的培养。

本书内容

本书分别从理论和实践的角度讲解了新媒体文案策划与写作的相关知识，共7章内容，可分为3个部分，每部分的具体内容如下。

（1）第一部分（第1章～第3章）主要讲解新媒体文案基础、新媒体文案写作的前期准备、新媒体文案的具体写作。

（2）第二部分（第4章～第5章）主要讲解软文的基础知识，以及软文文案、产品文案、品牌文案的具体写作。

（3）第三部分（第6章～第7章）主要讲解新媒体平台中的文案写作，包括微信文案、微博文案、今日头条文案、社群文案的写作，以及当下流行的视频和直播文案的写作。

本书特色

作为新媒体文案策划与写作的教材，与目前市场上的同类教材相比，本书具有以下特色。

（1）思路清晰，知识全面。本书从新媒体文案策划与写作的角度出发，采用合理的知识结

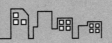

构，全面围绕新媒体文案写作的各项内容进行介绍，从基础知识开始讲解，循序渐进、层层深入，使读者能够对新媒体文案的特点、写作方法、写作流程等有一个全面的了解。

（2）案例丰富。本书每章开始均以案例导入的方式引导读者学习，并在介绍相关知识的过程中穿插对应的示例。示例以文字和图片的形式进行展示，具有较强的可读性和参考性，可以帮助读者快速理解与掌握相关内容，提高读者对知识的理解与掌握能力。

（3）实操性强。本书注重新媒体文案写作的实操性，不仅在讲解理论知识的同时介绍实际操作，如排版微信公众号文案、写作短视频脚本和单品直播脚本等，还注重以实训的形式加强读者对知识的理解与掌握，同时还在每章章末设置"课后练习"模块，以巩固读者学到的知识和技能。

（4）经验提升。本书设置了"专家指导"模块，补充了与正文所讲内容相关的经验、技巧与提示，以帮助读者更好地总结和吸收知识，并在每章章末设置了"拓展延伸"模块，以扩充读者的知识面。

在本书编写过程中，我们参考了新媒体文案策划与写作的同类图书和其他相关资料，在此谨向这些图书和资料的作者致以诚挚的谢意。

本书由河北软件职业技术学院马志峰、刘义龙任主编，河北机电职业技术学院胡永锋、周口职业技术学院袁向华任副主编，厦门网中网软件有限公司蔡理强参编。

由于编者水平有限，书中难免存在不足之处，欢迎广大读者、专家批评指正。

编　者
2023年4月

目录
CONTENTS

第1章 新媒体文案基础

在互联网时代，随着智能手机等智能设备的普及，很多人的注意力从报纸、杂志、电视等传统媒体平台转移到微信、微博、抖音等新媒体平台。企业或品牌的营销也随之转移到这些新媒体平台上，新媒体文案的重要性日益突出，各行业对新媒体文案人才的需求也越发旺盛。新媒体文案作为新媒体时代的产物，有着不同于传统文案的特点。了解新媒体文案的基础知识及对应岗位的职责与任职要求等，有助于有意愿从事新媒体文案工作的人胜任这份工作，编写出优质的新媒体文案。

学习目标

- 了解新媒体文案的概念。
- 熟悉新媒体文案的特点。
- 能够准确说出新媒体文案的常见平台。
- 能够识别新媒体文案的常见类型。
- 了解新媒体文案岗位的职责与任职要求。

素养目标

- 保持高度的责任感，坚持爱岗敬业、勇于创新。
- 学习劳模精神、劳动精神和工匠精神，在新媒体文案岗位上发光发热。

 案例导入

在当今信息高速传播的时代，新媒体文案只有被广泛传播才具有营销价值。谈及新媒体文案，许多人会想到江小白、支付宝、海尔、美的、中国平安等品牌，这些品牌推出的新媒体文案广受好评。2022年春节期间，平安健康保险推出的《亲爱的爸妈 我们终将会离开》视频式文案获得好评不断。在许多品牌都围绕"亲人团聚""春晚"等角度策划与编写文案时，平安健康保险独辟蹊径，以"离别"为切入点来策划并编写文案。《亲爱的爸妈 我们终将会离开》视频式文案展现了春节后子女与父母离别的场景，并配上伤感的音乐，触动了无数返乡人离别时的不舍之心。《亲爱的爸妈 我们终将会离开》的部分文字内容如下，视频片段如图1-1所示。

老妈	就送到这儿吧
你们要早点回家	我才能安心地走啊
前年给你买的衣服	怎么又变大了
有多的时间	就去跳跳舞吧
有太多的话	还没有说完
时间催着我	一直向前看
我放心不下	你们要照顾好自己啊
等我 等等我 再老吧	

图1-1 《亲爱的爸妈 我们终将会离开》片段截图

平安健康保险推出的这条催泪新媒体文案，看似表现"离别"，实则传达了子女对父母的牵挂，并将其与子女对父母健康状况的担忧相关联，从而在文案最后引出其保险产品，很好地传递了品牌的"温度"，树立了品牌的形象。

案例思考

① 平安健康保险推出的《亲爱的爸妈 我们终将会离开》视频式文案有什么作用？

② 《亲爱的爸妈 我们终将会离开》视频式文案中的文字内容有什么特点？

1.1 了解新媒体文案

对于企业或品牌而言，新媒体文案不仅可以促进品牌推广、提高销售额，还有利于快速实现产品变现，获得更大的成功。

课堂讨论

在我国古代，文案亦作"文按"。唐代诗人戴叔伦所著《答崔载华》就提到过文案："文案日成堆，愁眉拽不开。偷归瓮间卧，逢个楚狂来。"现在所说的文案和古代的文案有什么区别呢？

1.1.1 新媒体文案的概念

新媒体是相对传统媒体（报刊、广播、电视等）而言的，泛指所有数字化形态的媒体形式，数字电视、微博、地铁电视等都是新媒体。文案就是在媒体渠道中用以吸引受众的一种广告表现形式。很多时候，受众并不能触摸到产品实物，只能通过企业或品牌提供的文字、图片、视频等了解产品，所以文案就成了受众了解产品的一个渠道，自动承担起传递信息、达成企业或品牌营销目的的责任。

如何理解新媒体

综上，新媒体文案可以理解为在互联网的基础上借助新媒体平台生成的广告创意文案。图1-2所示为不同品牌在不同新媒体平台上发布的新媒体文案。

图1-2　不同品牌在不同新媒体平台上发布的新媒体文案

专家指导

实际上，新媒体的定义会随着时代的进步不断发生变化，数字电视基于电视，属于新媒体；电子报刊基于报纸、杂志，也属于新媒体。新媒体的关键是数字技术与网络技术，各种传统媒体通过数字技术与网络技术改造后，就可以变为新媒体，但是不管新媒体如何变化，借助这些新媒体发布的创意性文案均属于新媒体文案。

1.1.2 新媒体文案的特点

新媒体文案是在当代社会环境变革的背景下发展出来的一种文案类型，它更符合人们现在的阅读习惯，也更能适应媒体传播的需要。新媒体文案与传统的文案有所不同，其特点主要有以下几点。

1. 内容多元化

新媒体平台类型多样，有短视频平台、直播平台和音频平台等，多元的传播渠道造就了新媒体文案内容的多元化，文案不再限于文字形式，短视频、直播、图片等形式涌现出来，不同的形式还可以相互组合、相互成就。当然，碎片化的阅读习惯及网络的便捷性也导致了信息的多样化与复杂化，因此，文案人员在组合内容形式时，要以易理解、易记忆、易传播为准则。

2. 成本低

相比于传统的广告，新媒体文案的发布成本相对较低。网络传播的路径宽，一般来说，只要文案写得足够精彩，就会有人自发地对文案进行传播与分享，这样一条简单的网络链，很多时候会产生意想不到的营销效果。但要注意，随着加入新媒体平台的企业、品牌的增加，获取流量的成本也在增加，想要获得更好的营销效果，企业或品牌等通常需要投入更多的新媒体广告推广费用。

3. 互动性强

很多新媒体平台都开发了App，受众可使用手机随时随地查看新媒体文案。新媒体文案的传播不再是单向的，而是多向的沟通与交流，新媒体文案"互动性"的特点日益凸显。

微博文案是新媒体文案的一种类型，这类文案常号召受众评论、点赞或转发，互动性强，能较好地维持企业或品牌与受众之间的关系，增加受众对企业或品牌的亲切感。图1-3所示为在文案中号召受众关注、评论的示例。

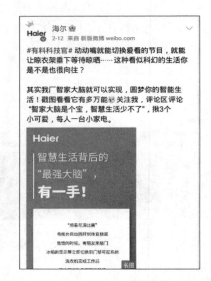

图1-3 在文案中号召受众关注、评论的示例

4. 推广效果好

得益于网络的便捷性与传播的多元化，新媒体文案的传播形式非常灵活，其推广效果也较好。人们多使用移动终端设备查看新媒体文案，移动终端设备操作简单，这进一步提升了新媒体文案的推广效果。

以微信公众号文案为例，一般情况下，受众可以通过扫描文末的二维码关注该微信公众号或其他微信公众号。图1-4所示的某微信公众号推送的文案中就附加了二维码。长按二维码图片后，点击弹出的"识别图中二维码"选项，就可以关注相应的微信公众号。除此之外，受众还可以点击界面右上方的"…"按钮，在弹出的界面中进行分享、转发等操作，如图1-5所示。

图1-4 附加二维码

图1-5 分享、转发

5. 时效性强

互联网上信息传播的速度非常快，人们逐渐表现出碎片化阅读的行为特点，新媒体文案也逐渐形成"短、平、快"的特点。因此，文案人员在新媒体文案的写作过程中一定要注意及时有效地传达信息。

6. 定位精确

不同的新媒体平台的受众具有不同的特征，因此，新媒体文案需要定位精确，符合受众需求。例如，知乎、豆瓣、微信、微博等比较适合上班族，所以推送的新媒体文案应围绕职场人群的需要来撰写。受众在平台上产生的各种数据会被后台记录，平台会基于这些记录精准地为受众推送相关内容。企业或品牌一旦与这些平台合作，就可以根据这些数据对受众进行精确的定位，从而取得良好的营销效果。

▌1.1.3 新媒体文案的常见平台

新媒体文案通常发布在新媒体平台上，如微信、微博、今日头条、抖音等。新媒体文案无论发布在哪一个平台上，只要能够引起受众的兴趣，引发受众的大量关注、转发和评论，就是具有传播力的新媒体文案。

1. 微信

微信的快速发展使其成为热门的网络营销和推广平台之一，也使其成为新媒体文案发布的一个热门平台。很多企业或品牌都会建立一个或多个微信公众号进行专门的营销与推广，这样积累的受众忠诚度和文案转化率都比较高。

在微信中，文案人员可以通过微信公众号、朋友圈、视频号等进行内容的分享，但要保证文案内容的质量，这样才能吸引更多的受众关注并转发。微信的强社交性使得文案的传播效果很好，只要有好友点击了某篇文章的"在看"按钮，或者点赞了某个视频，该文章或视频就会出现在其所有微信好友的"看一看"中，图1-6所示为微信"看一看"和好友"在看"的文章。

图1-6　微信"看一看"和好友"在看"的文章

2. 微博

微博是一个通过关注机制分享简短、实时信息的社交网络平台，能够以文字、图片、话题、视频等多媒体形式，实现即时分享和传播互动。图1-7所示为华为手机通过其官方微博发布的文案。

微博注重信息的时效性和多样性，受众可以随时随地在微博中发表自己的看法，并搜索信息。若受众关注了某位微博博主，就成了该微博博主的粉丝。微博博主发布的文案能被粉丝看到，微博博主可以与粉丝保持良好的交流互动，培养起坚实的粉丝基础。如果微博博主拥有数量庞大的粉丝群，那么其发布的新媒体文案可以在短时间内传播给众多受众，甚至形成爆炸式的推广效果。

图1-7　华为手机通过其官方微博发布的文案

3．今日头条

今日头条是北京字节跳动科技有限公司开发的通用信息平台，可以通过个性化推荐引擎技术，根据受众的兴趣、位置等多个维度给他们推荐财经、科技、娱乐等方面的内容。在今日头条中，文案成了受众关注的焦点，一般来说，文案的质量越高，文案被推荐的次数越多，文案的阅读量也就越多，所以文案人员要特别重视文案的质量。

今日头条中，受众阅读时的注意力集中度不高，因此在写作文案时，文案人员要保持轻松的心态，避开过于专业的选题，多配图，少配文字。如果文案需要搭配视频，文案人员要尽可能上传本地视频，这样不仅能带来额外的视频播放量和广告收益，还能避免因插入网络视频而使当前页面跳转到视频播放页的情况。在发布文案时，文案人员应当遵守平台的发布规则，如今日头条允许创作者在文末留下微信号，但禁止在文中留下联系方式等，否则会有被封号的风险。

专家指导

今日头条是一个新媒体写作平台，企业或品牌可以通过今日头条分享观点、输出价值，从而积累影响力，以便后期开展营销活动。除了今日头条，当前主流的新媒体写作平台还有简书、搜狐号、百家号、豆瓣等。

4．社群

社群主要通过群内成员之间的互动分享来进行产品和品牌的营销变现。在移动互联网快速发展之后，各大社群开始涉及移动阅读App、电商、社交等不同的领域，移动社群开始兴起。常见的移动社群有QQ群、微信群等。淘宝平台的店铺群、微博平台的兴趣群等利用群成员的共同爱好而建立起来的交流群在一定程度上也可被称作社群。

社群文案主要通过优质的内容或话题来吸引受众，维系企业或品牌与群成员之间的感情，或以优惠活动及其他方式进行产品或品牌的宣传，图1-8所示为QQ群中发布的文案。

5．知乎

知乎是一个高质量的问答社区和创作者聚集的原创内容平台，知乎中的内容基本是以问题和答案的形式呈现的，企业或品牌带有营销和宣传意味的回答便是新媒体文案。

企业或品牌若要在知乎上发布优质的新媒体文案，首先要找到一个高质量的问题，然后在此问题下发布高质量的答案，为增强说服力，答案应理性、科学、逻辑性强。图1-9所示为美的集团在知乎上发布的答案。

图1-8　QQ群中发布的文案

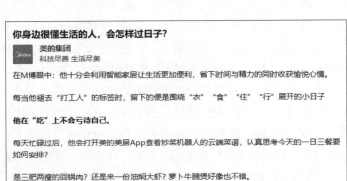

图1-9　美的集团在知乎上发布的答案

除此之外，企业或品牌也可以在知乎上发布文章和想法，其中，想法与微博中的文案相似。

6. 短视频/直播平台

近年来，随着短视频和直播的流行，市面上涌现出了许多短视频/直播平台，如抖音、快手等。与其他平台不同，短视频/直播平台的新媒体文案是视频式的，文案的主要内容和主题隐藏在视频内容中，受众往往要观看完视频才能领会文案主旨。图1-10所示为vivo在抖音中发布的视频式新媒体文案。

专家指导

　　企业或品牌也会将新媒体文案发布在电商平台上，如淘宝App、京东App、小红书App等。这些平台上的文案为企业或品牌服务，主要以产品推广为主，图1-11所示为电商平台中关于产品推广的文案。由此可见，新媒体文案的发布平台是非常多的，企业或品牌开展新媒体营销时，一般不建议选择单一的平台，应该结合多个平台的特点进行综合营销，扩大文案推广范围，提升营销效果。

图1-10　vivo在抖音中发布的视频式新媒体文案

图1-11　电商平台中关于产品推广的文案

1.1.4　新媒体文案的常见类型

　　根据目的、渠道、篇幅、表现形式等的不同，新媒体文案可划分为不同的类型。文案人员了解新媒体文案的常见类型可以更好地认识新媒体文案，写出更加符合受众需求的新媒体文案，达到提升销售业绩、加强品牌建设等目的。

1. 按表现形式分类

受新媒体平台特点的影响，新媒体文案具有不同的表现形式。新媒体文案按表现形式可以分为文字式文案、图片式文案和视频式文案。

- **文字式文案**。文字式文案是指以大段的文字输出为主的文案，包括微信公众号文案、微博头条文章、门户网站上的营销软文等。文字式文案篇幅较长，部分文字式文案会穿插图片、链接等，是当前主流的文案表现形式之一。

- **图片式文案**。图片式文案是指以图片为载体的文案，其代表为海报文案和H5（HTML5，超文本标记语言）文案。该类文案对图片创意与信息选择的要求较高，一般要求文案人员利用有限的文字传达主题思想和重要信息。图1-12所示为五芳斋发布的海报文案。

- **视频式文案**。视频式文案即以视频为载体的文案，主要指直播和短视频类的文案，抖音、快手、哔哩哔哩等发布的多为这类文案。一般来说，视频式文案内容主题丰富，包括品牌宣传、新品试用介绍、产品测评、好物分享、知识科普、作品（绘画、音乐等）分享等。图1-13所示为哔哩哔哩中的视频式文案。

图1-12　五芳斋发布的海报文案

图1-13　哔哩哔哩中的视频式文案

需要注意的是，目前很多平台中的文案并不只是单纯的文字式、图片式或视频式文案，例如，微博中的文案可以是以图文为主、以主图片为主、以主文字为主或以主视频为主的文案，但图片和视频很少同时出现在一篇文案中。

2. 按文案长短分类

新媒体文案按文案长短，可分为1000字及以上的长文案和1000字以下的短文案。长文案要么是进行信息的铺叙分析，要么是展开大的故事场景，图1-14所示为知乎中的长文案的部分展示。短文案侧重快速触动，重点在于表现核心信息，图1-15所示为微博中的短文案。

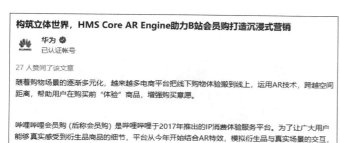

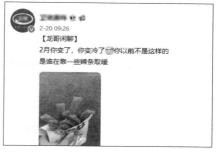

图1-14 知乎中的长文案的部分展示　　　　　　　图1-15 微博中的短文案

3. 按广告的植入方式分类

新媒体文案按广告植入方式的不同，可分为硬广和软文。硬广是指通过媒体渠道进行直接的文案展示，清楚直白、开门见山，图1-16所示的视频开头出现的广告就是典型的硬广；软文不直接介绍产品或服务，而是将其巧妙地植入情感故事或干货分享中，达到"润物细无声"的营销效果，如图1-17所示。这两种都是企业或品牌常用的文案。企业或品牌如果想要高强度地宣传曝光可以选择硬广，如果想要达到出其不意的效果可以选择软文。

图1-16 硬广　　　　　　　　　　　　　　　图1-17 软文

4. 按文案写作目的分类

新媒体文案按写作目的不同，可分为销售文案和推广文案。

- **销售文案**。销售文案是指文案发布之后能够立刻带来销量的文案，如电商详情页介绍产品信息的文案（见图1-18）、为了提高销量而制作的引流广告图等。销售文案一定要能打动人，能激发受众的购买欲，引导其产生购买行为。
- **推广文案**。推广文案是指能推广产品或品牌，从而扩大品牌影响力的文案，如品牌形象

广告、品牌节假日情怀营销文案（见图1-19）等。推广文案重要的是要引起受众的情感共鸣，引发其自主产生文案传播行为。

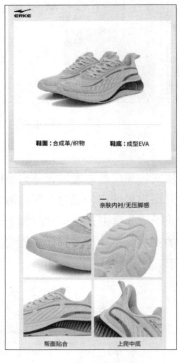

图1-18　销售文案　　　　　　　　　　　图1-19　推广文案

1.2　了解新媒体文案岗位

目前，越来越多的企业或品牌开始重视新媒体文案岗位，但行业不同、企业不同、运营平台不同，新媒体文案岗位的具体工作内容也不同，下面对新媒体文案岗位的职责、任职要求和发展前景进行详细介绍。

课堂讨论

在你看来，新媒体文案人员可能需要做哪些工作？新媒体文案岗位与常见的文员岗位有什么不同呢？

1.2.1　新媒体文案岗位的职责

通过网上搜索或在招聘网站上查询新媒体文案岗位可以发现，新媒体文案人员的职责不仅是文案的编写与发送、内容的策划与编辑，还包括渠道的运营与推广等，如活动策划、广告宣传、品牌推广、数据分析、产品卖点的梳理打造及图片设计等所有与文案的宣传、推广、营销相关的工作。

图1-20所示为某企业新媒体文案编辑岗位的职责，图1-21所示为某企业新媒体文案策划岗位的职责。

图1-20　某企业新媒体文案编辑岗位的职责

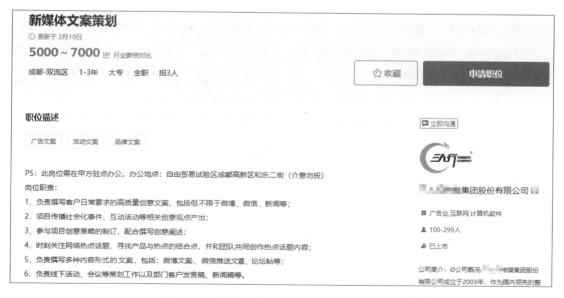

图1-21　某企业新媒体文案策划岗位的职责

综合以上关于新媒体文案相关岗位的职责描述，可总结出新媒体文案岗位的职责主要包括以下几项。

① 负责新媒体平台网页端的内容传播、软文推广。

② 负责新媒体平台移动端的日常运营及推广工作。

③ 挖掘和分析受众的习惯、兴趣等，及时掌握新闻热点，有效完成活动专题策划。

④ 根据企业的品牌定位及产品风格，对产品进行创意思考。

⑤ 抓住卖点，跟进热点，编写能突出产品特点、展现产品价值、使受众产生强烈购买欲的文案。

⑥ 进行广告文案、品牌宣传文案、活动文案等各类营销文案或软文的写作。

⑦ 熟练掌握和运用软文营销等推广方式和手机App等推送渠道。

⑧ 负责线上、线下活动或会议的文案策划等。

▌1.2.2 新媒体文案岗位的任职要求

虽然新媒体文案岗位的职责是类似的，但不同企业对新媒体文案岗位的任职要求却不相同，对于想要从事新媒体文案工作的人来说，拥有能够胜任该岗位的能力是必要的。图1-22所示为Boss直聘网站上某企业对新媒体文案岗位的任职要求，图1-23所示为智联招聘网站上某企业对新媒体文案岗位的任职要求。

岗位要求：

1. 本科及以上学历，市场营销、新闻传播、广告等专业；

2. 2年以上网站、文案和新媒体运营工作经验，熟练使用微信公众平台后台操作；

3. 热爱新媒体行业和自媒体运营，对微信、微博等平台较为熟悉；熟练使用微信稿件编辑软件；

4. 关注时尚、艺术、设计领域；具备较高的时尚敏锐度和较强的图文审美能力；

5. 具有良好的理解能力、沟通能力，较强的洞察力、社会交往能力和文字表达能力；具有比较广泛的知识储备；

6. 对工作极具热情，有团队合作精神、积极主动，创造性强。

*投递简历时请附上个人文案作品集

图1-22　Boss直聘网站上某企业对新媒体文案的任职要求

任职要求：

1. 1年以上文案策划经验，思维敏捷、视野开阔、对事物有独到见解及很强的理解领悟能力；

2. 热爱网络，熟悉社会化媒体，有深厚的文化底蕴和文字驾驭能力；

3. 有创意，能独立完成新媒体策划和微媒体文案撰写；

4. 能完成品牌或市场活动软文的撰写；

5. 文笔流畅，网感强，能根据需要编写文案、脚本等相关内容；

6. 有基本的图文美化能力，会使用PPT及绘图相关软件；

7. 执行能力强，团队意识强，广告、经济、新闻、大众传播等相关专业优先；

8. 有通信类运营商社会化推广项目同类型经验及4A经验者优先。

图1-23　智联招聘网站上某企业对新媒体文案岗位的任职要求

综上，可将新媒体文案岗位的任职要求总结为以下几个方面。

- **要求学历及相关工作经验**。文案编辑相关岗位都会要求从业人员有大专及以上学历，企业一般会倾向于选择广告、新闻、汉语言文学等专业且有经验的应聘人员，个别企业还要求应聘人员通过大学英语四级考试。

- **要有协调合作能力**。文案写作涉及的范围较广，文案人员需要与各部门的工作人员进行协调与沟通，因而要具备良好的协调合作能力。

- **要有敏锐的市场洞察力**。文案人员要具备能够快速并准确地捕捉商机，对受众进行深入分析的能力。

- **要有扎实的文字功底**。文案人员要具备优秀的文案资料搜集、整理、组织和编辑的能力，写作要流畅有技巧，文案要能打动目标受众。

- **要求思维活跃**。文案人员要有创意，能多角度看待问题，找到不同的切入点。

- **要有高度的责任感**。文案人员要有爱岗敬业、诚实守信的工作作风和严谨踏实的工作态度。

职业素养

　　劳模精神、劳动精神和工匠精神是鼓舞全党全国各族人民风雨无阻、勇敢前进的强大精神动力，其中劳模精神是指爱岗敬业、争创一流、艰苦奋斗、勇于创新、淡泊名利、甘于奉献的精神。新媒体文案人员要保持高度的责任感，坚持爱岗敬业、勇于创新，努力实现自我价值。

1.2.3　新媒体文案岗位的发展前景

　　时代在进步，新媒体文案行业的内容要求也在不断变化。近几年新媒体行业的调研与分析表明，新媒体文案岗位的发展前景呈现以下趋势。

1. 重视内容创作

　　根据新榜发布的相关数据，2016—2020年微信公众号中单篇文章的平均阅读数持续走低，粉丝的增长也面临困境。目前，很多文章都处于"伪原创"的状态，其标题引人注目，内容却不尽如人意。

　　另外，由于互联网的快速传播性导致内容过载，海量的内容使得劣质信息泛滥，甚至有文案投放者开始进行阅读量造假。一般来说，文案的阅读量在发布首日偏高，次日开始缓慢下滑，7日后基本无增长，若有些文案在发布数日后阅读量上升较多，可能就存在问题；且一篇正常的文案在发布15分钟之内，阅读量的起始值较高，然后呈现曲线上升，如图1-24所示，而造假文案则是从头开始呈直线上升，阅读量虚高，如图1-25所示。

　　这种造假现象的产生一方面源于受众看到阅读量高，会出于好奇和对大众审美的信任点击阅读的心理；另一方面则是该媒体账号为了体现自己的影响力进行流量造假，最后导致"流量＞质量"的评价体系出现，放松了对文案质量的追求。这种情况的出现使很多人对新媒体文案质量感到担忧，所以新媒体文案质量需要引起文案投放者的重视。

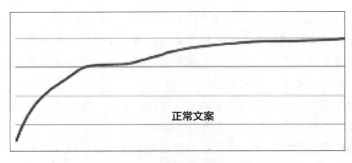

图1-24 正常文案的阅读量曲线示意图

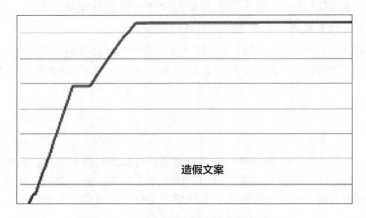

图1-25 造假文案的阅读量曲线示意图

　　另外，尽管微信公众号单篇文章的阅读量持续下降，爆款文章的数量却呈"井喷"式增长。新榜相关数据显示，2021年产出的阅读量为"10W+"的作品同比增长732%，这一现象表明优质内容依旧有发光发亮的机会。从当前的发展来看，原创和优质内容会成为新媒体文案的一个制胜点，成功的内容营销案例有十点读书等。

专家指导

> 　　所谓伪原创，就是在别人原创的文章的基础上，通过数字替换、字词替换、段落替换、语序更改、文字删减、收尾总结等方式对该文章进行修改，将其转化为自己文章的行为。

2. 偏向移动端，短视频、直播型内容比重加大

　　现在"90后""00后"已经成为主流的消费群体和信息受众，他们更加注重品质化、个性化的产品和服务，对内容的多元化变化趋势接受度很高。尤其是在移动互联网广泛运用之后，短视频、直播型内容成为他们感兴趣的形式。有关数据显示，百度、腾讯、阿里巴巴等企业投入了大量的资金到短视频和直播领域，进入该领域的用户也大量增加。短视频账号、直播账号的粉丝数量增长很快，营销收益更是屡创新高，这也让新媒体文案内容更偏向于短视频、直播型内容。

3. 注重正能量引导

　　新媒体的导向性越来越强，更加强调主流价值观，且受众多为新一代的年轻人，他们更加

关注社会现状、民生等相关事件和新闻。新媒体文案以这些内容为素材，输出正向的价值观，更容易获得受众的认同与好感，这也可能成为未来新媒体文案的发展趋势。所以文案人员平时要注意对社会事件和新闻的关注，创作优质内容，传播正确的价值观。

课堂讨论

当前，越来越多的产品开始和数字网络结合，出现了智能手表、智能音箱、智能冰箱等设备。这些智能设备与日常生活联系紧密，很有可能成为新媒体文案未来主要关注的对象。另外，随着人工智能和大数据等技术的广泛应用，新媒体平台也在进行智能化改革，其推荐的内容也越来越精准。据此，你认为新媒体文案岗位的发展还有可能出现哪些趋势？

本章实训

1. 新媒体文案赏析

了解并分析优秀的新媒体文案，有利于文案创作者培养自身的新媒体思维，获得更多创新性的新媒体文案灵感。本次实训将对中式雪糕品牌——钟薛高的新媒体文案进行分析，以帮助读者巩固新媒体文案的相关知识。

【实训背景】

中国被誉为四大文明古国之一，中国的传统文化源远流长。在中华上下5000年的历史中，中华民族用勤劳和智慧创造了辉煌灿烂的文化。近年来，很多品牌都把传统文化与现代产品进行结合，这也是许多品牌发展的趋势之一，钟薛高就是其中的一个典型代表。

钟薛高是地道的中式雪糕品牌，其雪糕采用独特的中式瓦片形设计，辅以顶部的"回"字形花纹，意为"回归"本味。2019—2021年，钟薛高连续斩获27枚被誉为"舌尖上的奥斯卡"的比利时ITI美味奖章。品牌仅创立16个月，钟薛高的营收就超过1亿元，创立18个月时销量突破1500万支，在众多雪糕品牌中异军突起。图1-26所示为钟薛高比较热门的产品。

图1-26 钟薛高比较热门的产品

2021年12月，"大雪"节气刚过，钟薛高却发布了一支与秋天有关的视频——《今年桂花开得晚》。为什么都到冬天了，视频还在讲秋天的桂花呢？是钟薛高错过了发布时间吗？仔细观看视频后可以发现，原来钟薛高是在用"过时"反衬其"依时依令"的产品初心。图1-27所示为视频片段截图，详细文案如下。

图1-27　《今年桂花开得晚》视频片段截图

我的家乡临桂很小　　　　　　　天气一凉，它就更小了
风一起，桂花就掉下来　　　　　落在瓦上扑扑簌簌的
这就是秋天给我的信吧　　　　　扑扑簌簌，说个不停　瓦才知道，在说什么
"簌"是我刚学的字　　　　　　　桂花掉在瓦上的声音
我也不知道该怎么说　　　　　　桂花的气味，就更不好形容了

我九岁，爷爷是七个九岁那么大
乌黑的瓦檐是八个九岁
而村子里的老桂树，听说是一百多个九岁了

今年想吃桂花，只能今年去打
今年打的桂花，也只能留在今年吃
唉，桂树每年都要挨一遍打，还好就打这么几天

这是我记事以来的第四个秋天了
等长大了，不管到哪，我都不会孤单
因为我小小的，扑扑簌簌的家乡
就藏在一片扑扑簌簌的，有点甜的瓦里
有味道的钟薛高
金桂红小豆，第四年等待
限定回归，姗姗来迟

【实训要求】

本实训的具体要求如下。

① 识别新媒体文案的表现形式。

② 学会分析优秀的新媒体文案。

【实施过程】

根据实训要求，本实训的实施过程分为以下两个部分。

（1）识别新媒体文案的表现形式

钟薛高此次发布的《今年桂花开得晚》是比较典型的视频式文案，其将文案的主要内容和主题都隐藏在视频之中，文案通过主角口述展现出来，受众看完整个视频后才能窥得全貌。

（2）分析新媒体文案

下面从两个方面分析钟薛高的视频式文案。

① 据悉，钟薛高此次推出的这款季节限定款雪糕——金桂红小豆取材自桂林市临桂的金桂花。2021年秋季，由于临桂当地降温晚，所以桂花开花也晚。在推出雪糕时，钟薛高将视频标题拟定为《今年桂花开得晚》，既说明了雪糕面市晚的原因，也说明了品牌为保证产品质量，在选材上的严苛性。

② 文案中，"瓦"出现的频率特别高，一方面是因为钟薛高的雪糕采用独特的中式瓦片形设计；而另一方面，"瓦"是房屋的一部分，寄托着人们的思乡之情。品牌借助象征家乡、落着桂花的瓦片，达成了情感与产品、精神与品牌的多维度统一。

2. 个人新媒体文案岗位规划

文案人员做好个人职业规划，有助于确定职业发展目标。本次实训将对新媒体文案岗位进行规划，让读者对新媒体岗位有更清晰的目标和行动的方案。

【实训背景】

为了增强毕业生的竞争优势，各大高校都很重视对大学生进行职业规划方面的指导，希望激发大学生的创新活力。张元是成都某学院中文系的一名学生，他对新媒体文案岗位非常感兴趣。为真实全面地了解自己、明确学习和发展方向，张元决定就任职新媒体文案岗位进行规划。

【实训要求】

本实训的具体要求如下。

① 掌握新媒体文案岗位的任职要求。

② 为任职新媒体文案岗位做好规划。

【实施过程】

根据实训要求，本实训的实施过程分为以下5个部分。

① 自我分析。从兴趣爱好、性格特征、职业价值观、职业能力等方面进行自我分析，并把结果填在表1-1中。

表1-1 自我分析

分析要点	具体情况
兴趣爱好	
性格特征	
职业价值观	
职业能力	

② 职业分析。进入BOSS直聘、智联招聘等招聘网站，搜索新媒体文案相关岗位，查看多个招聘企业的招聘信息后加以总结，将结果填在表1-2中。

表1-2 职业分析

目标岗位：	
分析要点	具体情况
招聘企业数量	
未来能晋升到什么职位	
岗位职责	
任职要求	
月薪范围	

③ 提出目标。提出切实可行的个人目标，包括短期目标（1～2年内的目标）、中期目标（3～5年内的目标）和长期目标（5年以上的目标）。短期目标应具体、明确和可行；中期目标要具有一定的激励性；长期目标应尽可能地长远，可以不用太具体和详细。

④ 制订计划。根据个人短期目标，衡量距离实现目标的差距，制订提升计划。

⑤ 撰写岗位规划。汇总上述内容，形成完整的新媒体文案岗位规划。下文为张元撰写的新媒体文案岗位规划的具体内容。

新媒体文案编辑岗位规划

姓名：张元

院校及专业：××学院中文系

一、自我分析

1. 兴趣爱好

我喜欢拍摄视频、写文章，以及在微信、微博、知乎等平台发布内容。

2. 性格特征

我性格开朗、有亲和力、独立自主、待人真诚。

3. 职业能力

我沟通能力、组织能力和实际操作能力较强，能客观地分析和处理问题。

4. 职业价值观

我觉得写文章是一件很有乐趣的事情，能让他人从我写的文章中获得有价值的信息让我觉得很幸福和满足。

二、职业分析

目标岗位：新媒体文案编辑

1. 招聘企业数量

招聘新媒体文案编辑的企业众多，人才需求量较大。

2. 未来能晋升到什么职位

新媒体文案编辑未来能晋升为内容总监/主编。

3. 岗位职责

新媒体文案编辑的岗位职责多为运营微信公众号、微博账号、小红书账号等，负责各种文案策划和撰写，负责线上活动策划及执行，完成领导安排的其他事宜。

4. 任职要求

新媒体文案编辑岗位多要求：具有本科及以上学历，熟练应用各类基础软件；毕业于汉语言文学、新闻、广告等专业；具备较强的图文编辑能力，有一定审美意识；具备独立撰稿、排版的能力；熟悉新媒体平台（微博、微信公众号、抖音等）的后台操作，具备独立运营账号及数据统计和分析的能力；热爱新媒体行业，对互联网热点有较强的敏锐度，思维活跃。

5. 月薪范围

目前，新媒体文案编辑岗位在当地的薪酬在5000～8000元。

三、提出目标

我将职业目标分为短期目标、中期目标和长期目标。

1. 短期目标

在毕业后3个月内成功找到一份新媒体文案编辑工作。

2. 中期目标

5年内晋升为内容总监/主编。

3. 长期目标

担任公司高管或者自主创业，创建一支专业的新媒体团队。

四、制订计划

为成为新媒体文案编辑，我还需要提高文案写作能力、工具应用能力和数据分析能力等，因此决定制订以下计划。

① 每天写一篇文案，并阅读一篇阅读量较高的文案。

② 多阅读新媒体文案相关书籍，掌握更多文案编辑技巧。

③ 查看和分析优秀新媒体文案，并将其整理成一个文案资源库。

拓展延伸

要想从事新媒体文案工作，就要充分了解新媒体文案的相关知识及岗位要求。下面将对新媒体文案及其岗位中的常见问题进行解答，以帮助读者进一步了解新媒体文案。

1. 如何提高新媒体文案写作水平？

新媒体文案作为一种营销手段，主要通过文案让受众完成购买行为，这对文案人员的写作水平有很高的要求。下面介绍3种提高新媒体文案写作水平的方法。

- **多读书**。文案人员需和文字打交道，想要提高写作水平，除积累写作经验之外，还需要多读书，以拓宽知识面。此外，文案岗位的工作量比较大，通常一个文案小组可以达到一天一篇的工作量，所以，建议文案人员能够做到一天读完一本书。在前期可以只读文案类的专业书籍，后期可以广泛阅读。

- **搜集资料进行学习**。文案的写作过程是一个知识的吸收和创新的过程，所以资料的搜集和学习也非常重要。文案人员可以关注一些优秀的微信公众号或留意身边的广告语，将精彩的内容记录下来，并理解消化，再根据这些资料进行创新。

- **坚持写作**。文案写作除了需要创意外，更需要长期的创作积累，培养写作手感。在坚持写作的过程中，文案人员可以把优秀的创意记录下来，尝试把自己的灵感写出来，提高文案写作能力。

2. 如何保证新媒体文案内容的质量？

不管在哪个平台写作新媒体文案，优质的文案内容都更容易获得受众的喜爱。为保证文案内容质量，文案人员在创作时需遵循以下4个原则。

- **提高内容与受众的关联度**。内容与受众之间的联系是营销信息得以推广的前提，很多进行内容营销的企业或品牌会投入很多时间和精力，创造富有乐趣且与受众联系紧密的内容，这些内容往往更容易引起受众的共鸣，促进其分享传播，甚至影响其价值观，让其主动参与到创作内容的过程中来。

- **为内容寻找人性化的素材**。在文案内容中体现人性化，是一种非常有效的贴近受众的手段。一般来说，人性化的素材主要有4种形式：社交人格化、叙事社会化、内容"即食性"、科普娱乐性。社交人格化是指为品牌或产品赋予人的形象，通过互动的方式创造内容。叙事社会化是指用故事来做内容，用好的故事引发受众的感情投入，优质的故事甚至可以刺激受众主动补充和创建故事。内容"即食性"是指内容可以引起受众的兴趣，同时方便其阅读，例如，很多品牌经常利用精练、搞笑、竞争等性质的内容来吸引受众眼球，从而提高内容的阅读量、传播速度和知名度。科普娱乐性是指将复杂的议题简单化，在文案中用娱乐诙谐的手法向受众科普知识，有效地进行产品和品牌价值的传递。

- **策划活动**。文案人员可以策划能激发受众兴趣的活动，并通过文案传递活动信息，在此过程中，渠道发布、媒体选择至关重要。渠道发布是指借助影响力较大的媒体进行发布，通常是一种付费发布行为，如广告投放、媒体合作等。媒体选择指新媒体平台的选择，选择合适的新媒体平台有利于文案内容的传播。

- **重视内容的创意。** 内容的创意影响着文案的呈现效果，文案内容越有创意，越有助于提升文案质量。

3. 如何胜任新媒体文案岗位？

文案人员拥有良好的职业素养，才能更好地胜任新媒体文案岗位。一般而言，职业素养主要包括职业信念和职业能力。

（1）职业信念

文案人员持有正确的理念才能为文案的写作树立大局观，具体内容如下。

- 树立积极正面的营销意识和行业竞争观，为文案写作提供方向与动力。
- 培养创新思维、创新意识和创新能力，形成以创新为立足点的文案策划与写作观。
- 形成系统、完整、条理清晰的产品推广理念。

（2）职业能力

文案人员还应拥有充足的知识储备和一定的工作能力，为写作优质的新媒体文案奠定良好的基础。

① 知识储备：文案人员需要大量的知识储备，包括新媒体文案知识和其他专业性知识，具体内容如下所示。

- 掌握新媒体文案的含义、特点。
- 掌握新媒体各类型文案的写作方法。
- 学习广告学和传播学知识，让文案更具营销性。
- 了解各种创意思考策略和文案生成的方法。
- 注重积累，学习优秀作者和品牌的文案、创意、经验。
- 了解行业知识及具体的产品特性、功能等，使文案更具针对性。
- 了解受众的消费心理与行为，让文案更贴近受众的真实心理。
- 掌握不同文案的切入角度。
- 明确写作禁忌与误区。

② 工作能力：在从事新媒体文案工作时，文案人员至少应具备以下5种能力。

- **写作能力。** 写作能力包括语言组织能力；对文案语言风格的把控能力；灵活写作不同类型文案的能力；运用文案写作技巧的能力，如善用图片、音乐、视频、超链接等元素。
- **软件能力。** 有些企业会让文案人员承担文案的写作与效果设计工作，所以文案人员还应具备设计软件和编辑软件的操作能力，如熟练运用Photoshop、Office、会声会影、在线新媒体编辑工具等。
- **审美能力。** 文案人员只有具备审美能力，才能写出符合大众审美的文案。一般来说，审美能力主要体现在文字排版和图文搭配两方面。文字排版要考虑字体大小、颜色、字间距、行间距等；图文搭配时，图片应与文字相符，且色系一致，图文要有自己的风格，让人觉得眼前一亮。
- **分析能力。** 分析能力包括对企业、品牌的定位和风格的分析，对产品投放的市场、产品的目标受众、受众的需求和消费心理的分析，对投放渠道及受众反馈的分析。文案人员通过数据分析能使文案层次清晰，表述合理。拥有杰出的分析能力的文案人员能快速抓住产品的核心卖点，写出直击受众痛点的文案。
- **学习能力**。文案的写作是个不断积累与学习的过程，学习能力强意味着文案人员能快速吸收新知识，并融会贯通、推陈出新，创造出优秀的文案。

课后练习

从"解决温饱"到"小康水平"，从"总体小康"到"全面小康"，从"全面建设"到"全面建成"，小康社会奋斗目标的提出、发展和完善，标志着我国社会主义现代化建设不断开创新境界。我国已全面建成小康社会，当前我们正在朝着"共同富裕"的目标前进。

什么是我国人民心中的"富"？在2022农历新年到来之际，中国银联搜集了66个不同职业、不同年龄、不同生活方式的人的故事，创作了一组"奔富图"海报来诠释"富"的多重定义。海报中，有些"富"一目了然，有些"富"朦胧隐晦，有些"富"巧妙细致，有些"富"寓意美好，很好地展示了我国人民自强不息、兢兢业业、追求美好生活的状态，图1-28所示为"奔富图"部分海报。

图1-28 "奔富图"部分海报

图1-28 "奔富图"部分海报（续）

紧接着，中国银联又发布了题为《一个关于"富"的小小心愿》的短视频，文案围绕"富"这一主题，讲述了我国人民心中的富，同时传达了对人们的美好祝福，图1-29所示为《一个关于"富"的小小心愿》短视频片段，详细文案内容如下。

图1-29 《一个关于"富"的小小心愿》短视频片段

图1-29 《一个关于"富"的小小心愿》短视频片段（续）

我想讲给你一些小小的心愿　　那些平凡却又足够珍贵的
关于"富"的小小心愿
流过很多汗的人　就想有个好收成
结束了授人以业　就盼着他们有更好的前程
追太阳的人　　想把光收集起来　　送到万里之外的夜里
那里还有许多人　在循着光想探明方向
心不老的人呢　希望把时光里落下的梦　——圆满上
在看不见的地方仍在努力的人　想着代表大家站到更高的地方
站在前人肩膀上的人　　就想让我们的技术迎头赶上
我们就是这样　怀揣着各自的小小心愿　但双脚扎在同一片土地上
把对富足的向往　过成踏实的平常
中国银联在 2022 农历年来临之际　　祝每一个努力付出的你　年年有富余
付出必有回报，中国银联

请你在网上搜索查看中国银联发布的这组"奔富图"海报和《一个关于"富"的小小心愿》短视频，然后回答以下问题，将答案填在下方的横线上。

① 中国银联发布的这组海报和短视频分别属于什么类型的文案？

② 海报和短视频中的文案各有什么特点？

海报：

短视频：

③ 中国银联发布的这组海报和短视频有什么作用？

第2章

新媒体文案写作的前期准备

新媒体文案是企业或品牌与受众交流的渠道。要想写出有感染力的文案，在写作新媒体文案之前，文案人员需做好前期的调查与准备工作，不仅要熟悉产品与市场，还要掌握文案的输出策略和写作技巧。

● 学习目标

- 了解新媒体文案的写作步骤。
- 熟悉整理新媒体文案素材的方法。
- 学会分析市场和竞争对手，了解如何定位产品、平台与受众。
- 掌握文案写作的不同创意策略。

● 素养目标

- 树立版权意识，依法维护他人和自己的版权，避免产生侵权行为。
- 引导受众树立正确的消费观和生活观。

 案例导入

深圳一家名叫"轻生活"的公司开发了一系列个人护理产品。2015年12月，该公司深刻认识到新媒体营销的强大力量，花费了5000元与一个知名微信公众号合作，希望借助该账号的影响力为公司的微信公众号引进更多流量。然而此次营销活动收效甚微，公司的微信公众号只新增了20多个粉丝。"轻生活"联合创始人张致玮感到非常失望。他意识到此次营销活动反映出很多问题，于是开始不断地反省与总结。

在分析市场并总结原因后，张致伟和他的团队意识到，如果与其他传统品牌一样，从功能、材质等方面入手撰写文案，不仅没有新意，也不利于受众理解。于是，他们换了一个方向，决定围绕受众的日常生活场景来设计文案，从受众的生活出发，帮助他们解决生活中的小麻烦。

功夫不负有心人，第5次改稿后，该公司决定将文案投放到微信公众号——书单上进行推送。果然，由于文案内容精彩、贴近受众，该篇文案阅读量轻松达到了10万次，比该微信公众号中的其他类型的软文阅读量多了5万多。经过统计，该文案一共促成了3900多笔交易，折合人民币超过31万元，这就是一篇新媒体文案创造的价值。据文案人员关健明统计，2016年，"轻生活"在微信公众号投入的广告总费用约为120万元，文案转化的销售额前期约610万元，后期达到1100多万元。据悉，文案转化的销售额还在逐渐增长。如今，"轻生活"依旧围绕受众的日常生活和需要来撰写新媒体文案，图2-1所示为"轻生活"微信公众号发布的新媒体文案。

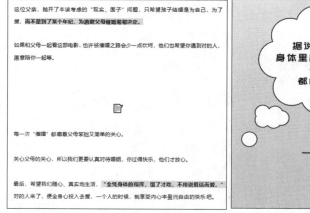

图2-1 "轻生活"微信公众号发布的新媒体文案

由此可见，一篇优秀的新媒体文案可以促进产品的销售，甚至还能给产品或品牌带来良好的推广效果，创造出难以估量的价值。但是，"轻生活"之所以能撰写出受众感兴趣的文案并不是一蹴而就的，而是在深入了解产品、受众、市场与行情后才摸索出来的。

案例思考

① "轻生活"第一次的文案投放为什么收效甚微？

② "轻生活"经过修改和打磨后的文案为什么有如此良好的推广效果？

2.1 文案写作前的调查

新媒体文案最终是为营销服务的，因此为了达到良好的营销效果，充分的调查与准备是新媒体文案写作前不可缺少的环节，具体包括了解新媒体文案写作的步骤，搜集并整理资料素材，分析市场，定位产品、平台与受众，构建场景等。

2.1.1 了解新媒体文案写作的步骤

新媒体文案写作并不是简单的字词组合，其背后有一套全面周到的写作步骤，文案人员如果能够掌握连贯精确的写作步骤，就能写出一篇语言流畅、结构清晰、逻辑严密并且满足受众需求的新媒体文案。总体来说，一篇优秀的新媒体文案的写作需要经历以下5个步骤。

1. 明确文案目的

文案写作的目的不同，文案中运用的写作思路和方法也不同。总体来说，新媒体文案的写作目的可以分为两类，一类是改变受众态度，另一类是促使受众行动。

（1）改变受众态度

改变受众态度是指让受众对产品产生正向态度，如从不了解产品到认可产品。文案人员可以从以下4个方面入手实现改变受众态度的目的。

- **体现品牌理念**。文案中体现品牌理念有助于树立品牌形象，尤其是传递某种情怀、情感的理念，更容易获得受众的认同，如万科曾以"让建筑赞美生命"为主题创作了标题为《建筑是生命的成长史》的视频式文案，其走心的文案体现了独特的人文情怀，获得了众多受众的认可，具体文案内容如图2-2所示。
- **提供品质认证**。为增强受众对产品或品牌的信任，文案中还可展示产品质量（安全性）检验证书、实验数据、同类产品对比说明、使用前后效果对比说明等。图2-3所示为某品牌床垫的新媒体文案，该文案中展示了品牌对产品的质量测评和实验。在提供品质认证信息时，文案人员需要注意认证信息、检测数据等的真实性，以防构成虚假广告。
- **传达竞争优势**。受众对品牌、产品的好印象可能源于其竞争优势，因此文案人员还要在文案中展现产品的核心卖点，例如，OPPO"充电五分钟，通话两小时"的文案展示了OPPO手机续航能力强的核心卖点，给受众留下了深刻的印象，增强了受众对OPPO的信任。
- **关注受众感受**。受众感受可能会影响品牌口碑，这要求文案人员在创作时要以受众为中心，想受众所想。关注受众感受一般从受众的情感和诉求出发，包括替受众发声、回归受众熟悉的场景、给予受众成就感等。

🎓 **专家指导**

> 品牌口碑通常指受众对品牌的评价，可能是正面的，也可能是负面的，会影响品牌形象的塑造。

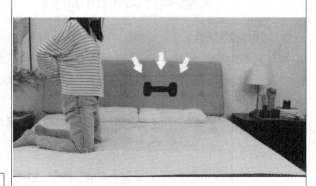

弹到什么程度？10斤重的哑铃丢上去会在上面反复弹跳。

床垫通过了3万次滚压和3万次按压测试，用数据支撑"不易塌陷"这一性能。

生活着，就有生活着的痕迹。

那枚挂过书包的洋铁钉子，

门框上随身体一起"长高"的刻度，

还有被时间打磨得锃亮的把手——所有关于生活的印记和思考，

总在不经意间铭刻在空间的各个角落，

由岁月成篇，堆积出记忆的厚度。

万科相信，唯有尊重生命历史的建筑，

才能承载未来可持续的生活。

图2-2　体现品牌理念　　　　　　图2-3　某品牌床垫的新媒体文案

（2）促使受众行动

促使受众行动即文案要让受众做出点赞、转发，以及购买文案中推广的产品等行为。若文案以促使受众行动为目的，那么文案人员可以从符合受众的需求、设计恰当的行动触发点、降低行动成本等方面入手。

- **符合受众的需求**。行动的产生基于需求的产生，如果文案内容能够贴合受众的需求，就容易打动受众，使其产生相应的行动。例如，某床垫品牌在文案中提及"使用卷压包装，把床垫真空压缩进一个一人大小的盒子里，不管多小的无电梯公寓、住宅，都能上楼，而且是顺丰发货，可以送货入户"，该文案内容就贴合受众在运送方面的需求。

- **设计行动的触发点**。设计行动的触发点是为了强化受众的需求，促使其马上展开行动。文案人员可以塑造与描述主体相关的情景，通过该情景促使受众行动，如"路上堵车，听喜马拉雅"。

- **降低行动成本**。降低行动成本是为了保证受众有能力完成该行动。例如，要吸引受众互动，可以在文案中设计讨论话题，留下受众评论和分享话题的空间；要促进文案的传播，可以在文案中做转发抽奖的设计（见图2-4），促使受众主动分享文案；要促进销售，可以在文案中插入方便跳转的购物链接或小程序（见图2-5），让受众体会到"行动起来很容易"。

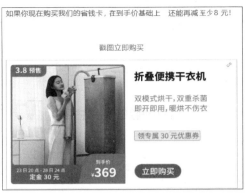

图2-4　在文案中做转发抽奖的设计　　　　图2-5　在文案中插入方便跳转的购物链接或
　　　　　　　　　　　　　　　　　　　　　　　　　　　小程序

课堂讨论

图2-6中有两则不同的文案，分析这两则文案的写作目的分别是什么？

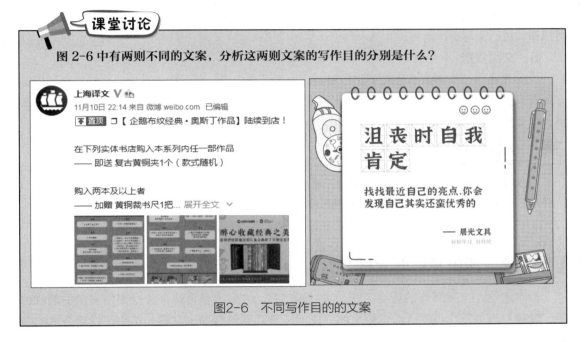

图2-6　不同写作目的的文案

2. 确定文案主题

文案主题贯穿文案写作的整个过程，统筹文案策划和写作的方向。如果把文案比喻成一个人，那么内容就是文案的"血肉"，主题就是文案的"灵魂"，血肉因灵魂而精彩。文案人员在确定文案主题时，可以从以下两个方面入手。

- **与日常生活相关联**。文案主题体现日常生活有利于建立产品、文案与受众相互沟通的桥梁。很多优质的文案主题是从生活中来的，因为体现了对生活的感悟，和受众的日常生活紧密相关，所以容易引起受众的讨论、分享、关注和回应。文案人员在选题时如果做到这一点，那么围绕这类主题写作的文案成为"热门"的概率就会增加。

- **与受众人群相关联**。不同的话题会触动不同的受众。例如，升职、健身等话题往往非常容易引起上班族群体的关注和传播；学生群体大多对情感、运动和游戏等话题感兴趣；妈妈群体则往往关心海淘、辅食、幼教等话题……如果文案主题涉及目标受众关心的话题，并展示出对应的关键词，围绕这类主题写作的文案就容易受到关注。

3. 输出有创意的文案内容

确定文案主题后，文案人员就需要调研市场，分析竞争对手与目标受众，然后搜集与产品或品牌相关的资料，分析整理与其相关的问题，找出产品的核心卖点，并展开创意联想，确认最终的思路，输出有创意的文案内容。

4. 评估和审查文案

在新媒体文案写作完成后，负责人还应当审查文案的质量，检查文案是否可以达到企业或品牌预想的效果。除此之外，文案人员在写作新媒体文案的过程中，也可以将文案拿给身边的人查看，以认真的态度听取他们的建议。大家集思广益，能够形成更多有用的信息，文案人员可以据此进行更深层次的思考，从而创作出优质的文案。

5. 文案复盘

文案发布后，文案人员还需要进行复盘，梳理工作内容，通过相关数据、目标受众反馈等方式考查文案的推广效果，总结文案写作中的优点和缺点，对于优点，可以继续发扬；对于缺点，需要根据受众的反馈进行改进，以免再次发生类似的情况。

🎓 专家指导

为了更好地评估文案所起到的效果，便于复盘，文案人员在写作文案时还应当确定一个具体的、可量化的目标，如文案转发量达到5000，粉丝量增加500等。

▌2.1.2 搜集并整理素材

搜集素材是文案写作的重要工作。素材越丰富，文案人员可选择和挖掘的文案主题就越多，就越有可能写出打动人心的好文案。同时，整理素材有助于文案人员快速找到合适的素材，推动文案写作的顺利进行。

1. 搜集素材

素材的种类丰富，不同种类的素材的特点和功能也不同。按照表现形式的不同，素材可以分为文字类素材、图片类素材、音频类素材和视频类素材等。文字类素材指文案写作时可供利用的各种文本，多为知识点、引用材料等，如产品属性信息、竞争对手的文案、产品相关的销售话术、广告内容等，如图2-7所示；图片类素材包括文案人员自行拍摄、绘制的图片，以及源于网络的截图、拼图等，如图2-8所示；音频类素材主要来自音乐或音频文件，一般作为背景音出现在文案中；视频类素材包括企业或品牌拍摄的宣传片、产品视频或截取自电影、电视剧的视频片段等。

原产地信息是消费者进行质量安全评价的重要线索。产品质量与产地所在区域的安全规制环境、行业标准和社会诚信程度等密切相关，而且水果的优劣品质还与产地的自然环境高度相关。产地信息包含了口感、外观和新鲜度等感官属性信息，消费者通过消费体验能够进行验证，是水果购买决策过程中重要的事前质量保证信息。山东、陕西和新疆3个原产地是我国富士苹果的优势主产区，3个产地苹果的甜度、硬度和果汁密度等品质信息差别显著。因此，将原产地信息分为无原产地、山东、陕西和新疆4个层次。

为了测度信息属性价值，价格属性设定是选择实验方法的关键。通过实地走访大型超市、集贸市场、水果专卖店和农贸市场发现，6个被调查城市的苹果平均价格约为 6 元/500克。同时，借鉴郑风田等的调查结果，可追溯苹果的支付意愿为 1.85 元/500克。因此，以 6 元/500克为基础价格等距上浮 2 元/500克，将富士苹果价格属性分为 4 个层次：6 元/500克、8 元/500克、10 元/500克和 12 元/500克。

图2-7　文字类素材

图2-8　图片类素材

搜集素材的渠道主要有两种：一种是外部渠道，如报纸、杂志、书籍、门户网站、新媒体平台、品牌官网、广告牌、路牌、影视作品等；另一种是内部渠道，主要指文案人员自己拍摄、绘制的素材。这些渠道中的素材可以通过复制与粘贴、收藏、分享、下载、截图、拍照、录制等方式获取、保存。

职业素养

在搜集与应用素材的过程中，文案人员一定要树立版权意识，深入了解我国著作权相关的法律法规，做到依法维护他人版权，避免产生侵权行为，同时也需要维护自己的合法权益。对于外部渠道的素材，文案人员一定不要照搬照抄，如要使用他人撰写或拍摄的素材，应当征得作者同意，并注明素材出处；对于内部渠道的素材，文案人员可以采用在图片中添加水印、在文案中插入原创保护声明等方式，保护自己的版权不受他人侵犯。

2. 使用有道云笔记整理素材

搜集素材后，为了快速在众多素材中找到所需的素材，提高工作效率，文案人员还应当开展素材整理工作。素材整理工具可以帮助文案人员高效地整理素材，如收趣、Office办公软件、腾讯文档、WPS Office、有道云笔记等。其中，有道云笔记是一款非常好用的素材整理工具，可以导入多种格式的素材，还可以对素材进行分类处理，下面就以该工具为例，介绍整理素材的方法，具体操作步骤如下。

使用有道云笔记整理素材

步骤 01 ▷下载并安装有道云笔记App到手机中，打开该App，注册并登录账号后进入其主界面，如图2-9所示。

步骤 02 ▷点击界面下方的"文件夹"选项，进入"文件夹"界面，如图2-10所示。

步骤 03 ▷点击界面右上方的"···"按钮，在打开的列表中选择"新建文件夹"选项，如图2-11所示。

图2-9　有道云笔记App主界面　　图2-10　"文件夹"界面　　图2-11　选择"新建文件夹"选项

步骤 04 ◆在打开的"新建文件夹"菜单中输入文件夹的名称，此处输入"产品图"。

步骤 05 ◆文件夹新建完成，点击该文件夹，在打开的界面中点击右下方的"➕"按钮，在打开的菜单中选择"上传图片"选项，如图2-12所示。

步骤 06 ◆在打开的界面中依次选择要上传的图片素材（配套资源：\素材\第2章\产品图\），图片素材即上传到App中（如果图片素材较多，可长按图片多选），效果如图2-13所示。

步骤 07 ◆进入微信App，打开可以激发自己灵感的微信公众号推送文章，点击右上角的"…"按钮，在打开的菜单中选择"复制链接"选项，如图2-14所示。

步骤 08 ◆返回有道云笔记App，其"最新"界面上方会自动出现该微信公众号推送文章的链接，点击"保存"按钮保存该链接。

步骤 09 ◆返回"文件夹"界面，选择"我的资源"选项，在打开的界面中选择"收藏笔记"选项，找到并选择收藏的文章，如图2-15所示。

步骤 10 ◆在打开的界面中复制第一段文字，然后返回"文件夹"界面，选择"产品图"文件夹选项，在打开的"产品图"界面中点击"➕"按钮，在打开的菜单中选择"新建笔记"选项。

步骤 11 ◆将复制的文字粘贴到笔记中，然后在"请输入标题"文本框中输入标题"保温杯开头素材"，如图2-16所示。

步骤 12 ◆返回"产品图"界面，长按第一张产品图片，在打开的菜单中选择"删除"选项，可删除该素材图片，如图2-17所示。

图2-12 选择"上传图片"选项　图2-13 图片上传成功效果　图2-14 选择"复制链接"选项

图2-15 选择收藏的文章　　　图2-16 输入标题　　　图2-17 删除图片

素材的整理并不难，难的是如何科学、有效地使用搜集到的素材。文案人员在整理素材时可以从以下方面入手，以建立一个完善、可用性强的素材库。

- **有目的地筛选素材**。搜集到的素材不一定全部适用于文案写作，因此，文案人员应根据需要，遵循有用、易用的原则选取素材。如果遇见目前不需要但又很有价值的素材，文案人员需要分析其是否有长久留存的价值、能否给自己带来灵感，并做出取舍。
- **学会收藏与做笔记**。文案人员发现写得好的推广文案或销售文案，或者其他可以提高自己文案写作水平的素材，应及时收藏。同时，如果一些句子或知识点给文案人员带来了灵感、创意，文案人员可以使用专门的笔记本、手机备忘录等记录、整理。
- **定期清理**。积累素材是一个长期的过程，随着时间的推移，积累的素材会越来越多，因此，文案人员需要定期清理过期、无用的内容，精简自己的素材库。
- **更新素材的分类方式**。在不同的阶段，文案写作所需要的素材可能会不同，文案人员需要不断更新素材的分类方式，以便查找。
- **建立对素材的记忆**。如果素材的位置与内容不便于记忆，很可能会影响文案人员对素材的实际运用。因此，文案人员在整理素材时应采取便于记忆的分类方式，并牢记不同类型的素材的存放位置。好记性不如烂笔头，文案人员可以将素材的分类方式、储存路径记录下来，并标注其中的重点内容。

2.1.3 市场分析

对市场进行分析，不仅能帮助文案人员进一步了解产品及市场，还有利于文案人员找出产品的核心卖点，从而提升文案的吸引力。一般来说，市场分析可分为两个方面，一是分析市场，二是分析竞争对手。

1. 分析市场

分析市场就是对产品所投放的市场或文案所面向的市场进行分析，包括同质产品的投放规模与成效分析、目标受众对产品的认知状况分析等。通过分析，文案人员可大致确认产品市场的成熟度，并根据产品市场的成熟度策划文案内容，如表2-1所示。

表2-1　根据产品市场的成熟度策划文案内容

市场	阶段	说明	文案重点
原生市场	第一个阶段	市场上无其他相似的产品，此时的产品对于受众来说未知因素很多	文案需要全面展示产品的内容，说服受众购买
中度成熟的市场	第二个阶段	市场上可能已经出现了一些相似的产品，而受众对那些产品也有所认识	提前观察竞争对手，查看其采用的描述手法和撰写角度及营销效果。写作中，分析竞争对手文案的优点和误区，避免走进误区，吸收借鉴其优点，并创新完善

续表

市场	阶段	说明	文案重点
重度成熟的市场	第三个阶段	市场上有非常多的类似产品，受众很难发现新的产品，但在技术水平有了提高和更新后，原产品将更新换代	突出品牌的影响力，增强受众对本品牌的信任感

在很多时候，文案所面对的市场都是成熟度较高的市场，因此对文案的要求较高，这时文案人员在写作文案时就要结合市场特征，体现自身产品的卖点。文案人员对市场分析得越深入，所获取的信息就越多，对产品就越了解，也就越容易写出优质的文案。

2. 分析竞争对手

分析竞争对手也是一个重要的环节，如果文案人员清楚竞争对手的写作思路和常用创意，就更容易写出优质、具有突破力的文案。一般而言，文案人员可以采用SWOT分析法详细分析竞争对手。

SWOT由4个英文字母组成，分别代表Strengths（优势）、Weaknesses（劣势）、Opportunities（机会）、Threats（威胁）。SWOT分析法是将企业内外部条件、资源进行有机结合与概括，进而分析企业的优劣势、面临的机会和威胁的一种方法，如表2-2所示。

- **S（优势）**——主要是分析本企业或产品在成本、营销手段、品牌力及产品本身等方面的优势。
- **W（劣势）**——主要是分析企业或产品本身的不足之处，竞争对手是否避免了这些不足之处，以及他们做得好的原因，还要分析受众反馈的不足之处，并总结原因。
- **O（机会）**——主要是分析企业内部实现目标的机会，包括短期目标如何实现、中期目标如何实现、长期目标如何实现等；分析企业外部的发展机会，如受众关注焦点的变化、产品技术的革新、新营销手段的出现等。
- **T（威胁）**——主要是分析会对企业的发展或产品的营销造成不利的因素，包括最新的行业发展、国家政策和经济形势中的不利因素，以及来自竞争对手的威胁，并寻求规避方法。

表2-2　SWOT分析法

	S（优势）	W（劣势）
O（机会）	SO战略 依靠内部优势，利用外部机会	WO战略 利用外部机会，克服内部劣势
T（威胁）	ST战略 依靠内部优势，回避外部威胁	WT战略 克服内部劣势，回避外部威胁

下面以乳品品牌——光明为例来对SWOT分析法予以介绍和说明。

光明起源于1911年，经过多年的发展，现旗下已拥有畅优、优倍、莫斯利安等众多知名品牌。

① 优势：光明有100多年的历史，是我国知名品牌，拥有众多忠实客户；有自己的研究院和研究团队，拥有技术优势；旗下品牌众多；创建了众多的物流配送中心，保障了产品品质。

② 劣势：在华东地区的市场份额占比较高，但在其他地区的市场份额占比较低。

③ 机会：当前科技发展迅速，光明的研究院和研究团队可以更好地进行产品研发；国家加强了对乳品行业的监管力度，有利于光明推动科学化管理；低温乳制品市场呈高增长状态，光明在低温乳制品市场上占据了优势地位。

④ 威胁：伊利、蒙牛两大品牌带来了较大的威胁和压力，除此之外，国外的乳品品牌也给其造成了一定的威胁。

发展战略分析如下。

① SO战略：光明具有品牌优势和技术优势，可以选择其他品牌未涉及的方向来研发产品；对于没有竞争优势的产品，可以考虑退出市场，将资源向有竞争优势的产品倾斜。

② WO战略：近年来，我国对乳品产业的扶持力度较大，光明应利用外部资源，克服品牌劣势，例如，光明可以趁机加大在其他地区的促销力度。

③ ST战略：光明拥有众多品牌，可以在微博、微信等平台建立多个品牌子账号，形成品牌矩阵，扩大品牌的整体影响力。

④ WT策略：对于较具有竞争优势的产品，光明可以通过溢价方式定价，提高消费者对产品的认知度；对于市场上比较常见的产品，光明可以通过打折、赠送等方式来提高销量，与竞争对手竞争；另外，光明可以使低价产品进入下沉市场，吸引更多的消费者。

2.1.4 定位产品、平台与受众

新媒体文案归根结底是为了推广产品或品牌，而品牌也往往以产品为依托，所以在分析市场之后，文案人员要对产品进行精确的定位，然后选择合适的新媒体平台，确认产品的受众，写出真正符合受众需求的文案。

1. 定位产品

产品是为受众服务的，是一篇文案的重心，所以文案人员要从产品出发，激发受众对产品的需求。在分析产品时，文案人员需要根据产品来找出受众感兴趣的点，明确文案的宣传重点。文案人员可以从以下几个方面来定位产品。

- 该产品的主要功能是什么？
- 该产品区别于其他产品的特点是什么？
- 该产品的优势在哪里？
- 该产品的实用价值是什么？

- 该产品针对的受众群体是哪些?
- 该产品能帮助受众解决什么问题?
- 该产品是否经济实惠?
- 该产品的购买渠道是什么?
- 该产品有无优惠活动?
- 企业或品牌就该产品提供了哪些售后服务?
- 购买过该产品的受众反馈如何?

文案人员要充分考虑这些问题并给出答案。根据这些答案,文案人员可以对产品的定位有一个比较确切的认识,然后可选取其中几个问题的答案来挖掘产品的核心卖点。

2. 定位平台

不同平台的受众需求不同,投放于不同平台的文案的写作要求也就不同。文案人员应根据投放的平台定制文案内容。下面介绍一些常见平台的需求和特点。

- **微博**。写作在微博上投放的文案时,文案人员首先必须明确文案的类型,是短文案还是长文案;其次,微博注重粉丝互动和分享传播,所以文案人员写作文案时还应考虑文案的传播性。
- **微信公众号**。微信公众号依靠受众主动订阅,其文案多为长文章。要想吸引受众点击文案,文案的标题、封面图就显得非常重要。一般来说,微信公众号中的文案的标题和封面图越吸引人、文案内容越有趣,文案的阅读量就越高。另外,比较有深度、有见解的文案也较容易在微信公众号上传播。
- **电商平台**。就电商平台而言,受众如果没有明确的购物需求,其购物的过程往往如下:浏览平台→被文案吸引→打开产品详情页浏览→了解口碑(查看评价)→加入购物车→下单,因此,文案人员写作电商平台文案时,应首先考虑产品的定位及其优势,然后将优势重点突出,达到使受众接受产品从而下单的目的。
- **知乎**。知乎上的文案一般偏向于理性,只要是内容够专业、能让人获得有价值的内容的文案就能在知乎中传播。
- **短视频平台**。短视频平台中的文案以短视频的方式呈现,其中,角色的台词、旁白等字幕内容是文案人员需要关注的重点。
- **今日头条**。今日头条中的文案限制较少,基于个性化推荐机制,文案人员需要详细划分文案的所属领域,垂直输出内容。

3. 定位受众

不同的产品、品牌都有其特定的目标受众。对受众进行分析,文案人员就可以根据受众的喜好写出他们感兴趣的文案。不同的受众有不同的消费观,文案人员受众的社会角色、消费心理进行分析,有助于找出对应的切入点和侧重点,并据此拟定不同的文案写作方案。

(1)社会角色分析

每个人都有自己的社会角色,按职业可分为上班族、学生等。上班族按工作种类又可划分为医生、律师、教师、清洁工、服务员等;按性别又可分为男性与女性。社会角色向来都不是单一的,而是多种角色的叠加。因此,文案人员可以对受众的社会角色进行整合并分类,如划

分为追求高品质生活、拥有高收入的人群，追求便宜实惠的人群等。分析受众的社会角色有如下作用。

① 写出针对性强的文案。例如，轻奢鞋包、化妆品、职业套装、高跟鞋等多面对的是职业女性，而西装、皮带、领带等多面对的是职业男性。产品品质不同，价位也不同，目标受众也就不同。文案人员撰写产品文案时，重要的是找准产品的目标受众，了解其消费特点，从而写出针对性强的文案。

② 确定文案叙述方式。受受众社会角色的影响，不同文案叙述方式收到的效果不同，因此文案人员在确定目标受众时需要具体问题具体分析。例如，在销售婴幼儿用品时，文案的受众是父母，所以文案应贴合父母的消费心理。图2-18所示为分别面向父母和儿女撰写的文案，前者抓住换季时父母对孩子过敏问题的担忧，后者则抓住了儿女担忧父母身体状况的心理。

❶ 远离过敏原

如果孩子对花粉过敏，应尽量减少外出，外出时戴好口罩和眼镜，尽量避免去花草繁盛的地方。

如果孩子对尘螨过敏，要保持家庭环境的干净整洁。被子、枕头要经常拿到太阳下晒一晒。

如果孩子对动物的皮屑过敏，家中最好就不要养宠物。如果一定要养，也要注意宠物卫生，尽量使宠物少接触孩子。

❷ 生理盐水/海盐水清洗鼻腔

对于本来就有鼻炎的孩子，可以以清洗鼻腔的方式缓解鼻塞症状。

年纪较小的孩子可以使用生理盐水/海盐水喷鼻，年纪大点儿的孩子可以使用洗鼻器清洗鼻腔。

❸ 给皮肤做好保湿

对于皮肤干燥的孩子，可以使用一些保湿霜缓解皮肤过敏症状。

在质地方面，建议选择软膏或乳霜，而不是油剂或乳液，同时要记得选不含香精、防腐剂，添加剂少的大品牌产品。

个别孩子对牛奶蛋白、燕麦过敏，家长在选择时要注意规避。

那么，鼻喷和保湿霜该怎么选？想要在春季做好防护，使孩子不生病，家长们还需要注意什么？

不要急，这些，丁香妈都为你准备好了。

爸妈腿疼要警惕，这种致残的病要趁早就医

丁香医生　丁香医生　2022-02-19 12:01

你是否曾听过父母这些不经意的抱怨：

老了，不中用了，腿也不行了；
年纪大了，病都出来了；

但是，当你建议父母去医院时，他们又常会说：

我们没事；

人老了就是这样的……

但，父母口中的"没事"是真的没事吗？

"没事"的背后，疼痛在积累

随着年龄的增长，腰腿、腿疼成了常常伴随父母的病症。

由于疼痛，很多老人的出行越来越不方便，他们慢慢变得不爱出门，**开始了"孤单"的老年生活。**

图2-18　分别面向父母和儿女撰写的文案

🎓 **专家指导**

　　文案人员在分析受众的社会角色时要考虑多方面的因素，如受众生活阶段的变化。在不同的阶段，受众的需求不同，如结婚或买房时，可能会买平时不会买的精致家具。有时，宏观经济也会造成受众需求的变化，在经济不景气时，一些平时会买奢侈品的职场人士可能会转而购买相对便宜的产品。

（2）受众消费心理分析

受众的购买行为与其消费心理息息相关，文案人员可以根据受众的不同消费心理撰写文案。

- **好奇心理**。好奇是受众普遍存在的一种心理，但不同的人所好奇的事物不同，因此会做出不同的行为决策，文案人员可以据此撰写文案。例如，针对对新奇、时髦产品有强烈好奇心的受众，文案人员可以在文案中着重体现产品的新颖设计与创意性，图2-19所示为某款恒温保温杯的文案，该文案体现了保温杯在功能方面的创意，以吸引对此有好奇心理的受众。

- **从众心理**。从众心理即"随大流"心理，是指个体在社会群体或周围环境的影响下，不知不觉地与多数人保持一致的社会心理现象。有这种消费心理的受众偏爱流行的或大多数人都在使用的产品。对于这一类型的受众，文案人员可以通过宣传产品销量、渲染产品热度等让受众购买产品。例如，文案人员可以在文案中表明，该产品是今年的流行款或产品颜色是今年的流行色，该产品销量特别高或在某地已呈断货状态等，以激起受众的从众心理，从而促进购买，如图2-20所示。

图2-19　某款恒温保温杯的文案

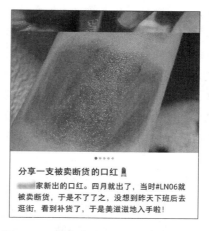

图2-20　激起受众的从众心理的文案

- **实惠心理**。具有实惠心理的受众通常追求物美价廉。针对有这类心理的受众，文案人员可以通过在文案中展示产品的效用、功能和价格来突出产品的高性价比，或在适当的时候进行有奖销售或发放赠品，如图2-21所示。

- **求异心理**。求异心理指受众追求个性化，希望彰显与众不同的个人品位的一种心理现象。针对这类心理的受众，文案人员可以通过文案突出产品的个性化或与众不同。图2-22所示为Jeep汽车的品牌文案，文案中"大众都走的路，再认真也成不了风格""#每个人心中都有一个Jeep#"不仅彰显了Jeep与众不同的品牌形象，同时又满足了受众追求个性化的心理需求。

- **习惯心理**。很多受众在购物的过程中会产生一定的购物习惯或购买倾向，如偏向于购买某个品牌的产品、只购买价格不超过某个范围的产品、选择购买曾消费过的店铺的产品等。这一类型的受众比较念旧且不愿做出太大改变，一般会在自己心中确定一个"心理预期"，当产品的实际价格或功能等无法达到"心理预期"时，他们才会选择其他品牌的产品。针对这类心理的受众，重要的是吸引对方产生第一次消费行为，再根据相关数据了解其偏好，写出能满足其真实需求的文案。

图2-21　吸引有实惠心理的受众的文案　　图2-22　Jeep汽车的品牌文案

- **报酬心理**。报酬心理指受众想要犒劳自己或感谢别人的心理。面对有这种消费心理的受众，文案需要引起其情感上的共鸣。例如，奥妙的文案"歇歇，妈妈""今天的这些脏衣服就交给我吧"（见图2-23），勾起了受众对母亲辛苦付出的回忆，激发了受众想要回报母亲的心理，达到了很好的推广效果。

- **名人心理**。名人心理依托于名人效应。名人效应就是指因为某位名人而产生的引人注意、强化事物、扩大影响的效应，或人们通过模仿名人的某些行为或习惯而获得满足的现象。因此，可以将拥有名人心理的消费行为看作受众对名人效应的推崇。针对名人心理的受众，文案中要注意体现名人推荐或名人的参与性，以及名人的身份地位等，从而凸显产品的地位。图2-24所示为吸引有名人心理的受众的文案。

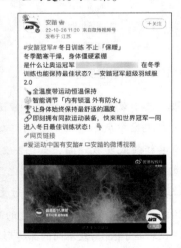

图2-23　奥妙的文案　　图2-24　吸引有名人心理的受众的文案

- **比较心理**。比较心理是指在有同类产品或更多选择的情况下，受众往往会选择最优选项的消费心理。针对有这种消费心理的受众编写文案时，文案人员要注意体现产品的最优性能，如Kindle的"阅读体验，媲美纸书""强大功能，更胜纸书"等文案。

- **求美心理**。求美心理是一种关注产品的欣赏价值或艺术价值的购买心理。面对有这种消费心理的受众，文案需要强调产品的欣赏价值或艺术价值。

职业素养

在互联网营销时代，"及时行乐""花明天的钱，办今天的事"等消费观念给年轻人的生活带来了不良影响。文案人员不管针对哪种消费心理的受众撰写文案，都应当注意文案内容的导向性，引导受众树立正确的消费观和生活观，倡导受众理性消费。

2.1.5 构建场景

构建场景是指根据使用人群、产品特点等为产品设想一个使用场景，进而奠定文案描述的环境基础，让受众产生代入感，从而认同文案或对文案留下深刻印象。文案人员可以从以下两个方面来构建场景。

- **通过生活展开联想**。产品始终为生活服务，因此文案人员可以从实际生活出发，展开联想。例如，宜家家居就是从生活出发，在文案中将产品场景化，以吸引受众购买产品，如图2-25所示。

图2-25 宜家家居的文案

- **通过受众痛点展开联想**。通过受众痛点展开联想指将产品的使用场景与受众的需求联系起来。图2-26所示的某品牌智能门锁的文案就从受众的安全需求出发，塑造了多个场景，体现了智能门锁的安全性能，以激发受众的购买欲。

图2-26 某品牌智能门锁的文案

2.2 文案的创意策略

创意是文案写作过程中的关键因素，但它让无数文案人员颇为头疼。实际上，创意的生成过程并不是天才式的任意想象，而是有一定的章法可循的。九宫格思考法、头脑风暴法、元素组合法、多维度发散创意法、金字塔式结构法等创意策略都可以帮助文案人员生成创意。

2.2.1 九宫格思考法

九宫格思考法是一种强迫创意产生的创意策略，有助于文案人员扩散思维，可以有效帮助文案人员构思文案、策划方案等。九宫格思考法的操作步骤如下。

- **第一步**。拿一张白纸，画一个正方形，然后用笔将其分割成九宫格，再将主题（产品名等）写在正中间的格子内。
- **第二步**。将与主题相关的、可帮助此产品销售的众多优点写在外围的8个格子内，尽量用直觉思考。
- **第三步**。反复思考、自我辩证，查看这些优点是否必要、明确，内容是否有重合，据此进行修改，一直修改到满意为止。若是对产品的想法有很多或是某个点还可以延伸，都可以记录下来，最后再去粗取精即可。

九宫格的填写方法有两种，一种是以中央为起点，按顺时针方向在格子中依次填入各要点，这一方法可以帮助文案人员了解自己对产品不同要点的重视程度；另一种是不考虑产品与要点的关系，随意填写，通过发散思维增加写作灵感。下面以美的的一款空调为例介绍九宫格思考法，该空调的特点总结如下。

- 专为大卧室设计，超大导风板广角送风，风力强。
- 1级能效，大空间速冷热，节能省电，高频启动开机快。
- 外观美，完美融入家庭环境。
- 融合三重降噪技术，通过多次风道测试，科学设计每一种风道，使用消声翼型风扇和新型加厚隔音棉，能有效阻隔压缩机运行时的噪声。
- 高密度过滤网，能有效阻拦灰尘、细菌、大颗粒物质。
- 洁净健康送风，热干燥防霉，独立除湿。
- 随时随地空调随手调控。
- 24小时定时，随心预约舒适度，无须重新设定就能智能断电。
- 服务网点覆盖全国，专业人员急速上门免费安装。

了解了该产品的信息之后，文案人员就可以根据资料整理得出图2-27所示的九宫格图。

专家指导

需要注意，文案人员在根据九宫格图撰写新媒体文案时，并不是要将产品的所有卖点都指出来，而是只强调核心卖点，通过核心卖点让受众记住文案。例如，在海报文案或推广文案中，受众的记忆点大多不超过3个，所以介绍重点功能即可。

广角 强风	大空间 速冷热	节能 省电
高密度 过滤杂质	空调	三重 降噪
防霉 除湿	智能 云控	贴心 售后

图2-27　九宫格图

2.2.2　头脑风暴法

头脑风暴法是一种针对创造能力的集体训练法，是指一群人（或小组）围绕一个特定的兴趣点或领域，无限制地自由联想和讨论，进而产生新观念或激发创新设想的方法。头脑风暴法鼓励打破常规思维，无拘束地思考问题，从而在短时间内产生大量的灵感，甚至取得意想不到的收获。

1. 头脑风暴法的实施流程

头脑风暴法的实施要按一定的程序和步骤推进。一般来说，头脑风暴法的实施流程可分为准备阶段、畅谈阶段和评价选择阶段。

（1）准备阶段

头脑风暴法在准备阶段主要有以下3项工作内容。

- 明确会议需要解决的问题和与会人员的数量，提前向与会人员通报会议议题。
- 确定会议的主持人和记录者。主持人要掌握头脑风暴法的基本原则和操作要点，并能够营造融洽的、不受任何限制的会议气氛；记录者要认真记录，便于会后总结。
- 与会人员要提前获取会议议题的相关基础知识。

（2）畅谈阶段

畅谈阶段是头脑风暴会议的关键阶段。主持人引导与会人员围绕会议议题进行自由发言，提出各种设想，并彼此启发、相互补充，尽可能做到知无不言，言无不尽；记录者需将所有设想都记录下来。直到与会人员无法再提出设想时，该阶段结束。

（3）评价选择阶段

畅谈阶段结束后，会议主持人对提出的所有设想进行分类和组合，形成不同的方案，这一阶段需对每一个设想进行全面评价。评价的重点是研究该设想实现的限制因素及突破限制因素的方法。在这一过程中，可能产生一些可行的新设想。最后，按照此方法不断优化方案，选出被大家认可的方案，如果没能形成令人满意的方案，可再重复畅谈阶段。

2. 头脑风暴法的关键

在展开头脑风暴时，文案人员首先需要审读主题，围绕主题进行思考，思考可以天马行空，但不能跳出主题的范畴。具体方式是根据文案描述主体，选取不同的思考角度，寻找描述主体的不同特点，列出相应的关键词，每个关键词都可以成为激发创意的点，如表2-3所示。

表2-3 列出关键词

思考角度	特点A	特点B	特点C	特点D
角度1	1A	1B	1C	1D
角度2	2A	2B	2C	2D
角度3	3A	3B	3C	3D
角度4	4A	4B	4C	4D

例如，以竹叶青茶为例，从其产地来看，可以得出"峨眉600～1500米高山茶区""北纬30°，'黄金产茶带'"等特点；从其品质来看，可以得出"口感上乘，唇齿留香""含水少、品质好、易保存"等特点，表2-4所示为利用头脑风暴法列出的部分关键词。

表2-4 利用头脑风暴法列出的部分关键词

思考角度	特点1	特点2	特点3	特点4
产地	峨眉600～1500米高山茶区	北纬30°，"黄金产茶带"	处群山中，雨雾缭绕、水质好	标准厂房、专业先进生产设备
品质	扁平匀直，嫩绿油润	干茶茶芽匀整，栗香馥郁	口感上乘，唇齿留香	含水少、品质好、易保存

关键词列出来后，文案人员可以对关键词进行随意搭配。例如，对同一个特点不同方向的关键词进行搭配、不同方向同一特点的关键词进行搭配或不同特点不同方向的关键词进行搭配等。再对搭配出来的关键词进行画面联想，甚至可以用笔在纸上记录相关想法。

2.2.3 元素组合法

元素组合法的本质是通过对不同元素的组合使文案更具创意。美国广告大师詹姆斯·韦伯·扬曾经说过，创意就是旧元素的新组合。旧元素可以让受众产生熟悉感，新组合会让受众产生陌生感。旧元素的新组合会让受众感到既熟悉又陌生，能激发其产生"居然可以这样"的感叹，从而引发传播。

文案人员应用元素组合法时，可以从多方面进行。例如，可以从文案本身考虑，文案中一般会包含品牌、产品或服务，这时可以将其与外部元素，如节日、热点等结合，寻找写作切入点；也可以通过组合文字、形状、物品等元素来贴合品牌理念或产品卖点，创作出具有设计感的文案。例如，洽洽食品结合核桃仁和"人"文字元素（同音字），在我国获得某赛事胜利的时候，发布了"国'仁'骄傲"的宣传文案（见图2-28），既表现了胜利的喜悦，又宣传了其坚果产品品质优良的特点。

图2-28 元素组合法

2.2.4　多维度发散创意法

人的头脑是非常灵活多变的，激发创意的方法也有很多，单从思维的角度来讲，文案人员在文案创作工作中可以运用发散思维、聚合思维、逆向思维等思维方式。多维度发散创意法则是对这些思维方式的总结，可以帮助文案人员从多个角度进行创意思考。

（1）发散思维

发散思维亦称扩散思维、辐射思维，指从已有信息出发，不受已知或现存的方式、方法、规则等的约束，尽可能向各个方向扩展思考，从而得出多种不同的设想或答案。例如，针对同一节日主题，不同的品牌可以将其与自身产品联系起来，或者同一品牌据此创作出多个符合主题的文案，这也是发散思维的体现。

（2）聚合思维

聚合思维也称求同思维、辐合思维，指从已知信息中产生逻辑结论，从现有资料中寻求正确答案的一种有方向、有条理的思维方式。文案人员可以从已有信息中挑选出关键信息，然后从关键信息出发打造核心卖点，达到一击即中的目的。

例如，某筋膜枪的功能包括全身通用、8种专业级按摩、液晶智能显示屏、搭配大电机、大容量持久续航、进口AI智能芯片、低噪静音、3种流行色、深层冲击酸痛等，但其最终从更直击受众痛点的功能出发，提炼出"即刻缓解肌肉酸痛""专业级"作为产品核心卖点，这就是聚合思维的体现。图2-29所示为筋膜枪的海报文案。

图2-29　筋膜枪的海报文案

（3）逆向思维

逆向思维即反其道而行之，从常规思维的对立面着手，打破原有规则，得出新的想法与创意。例如，在大型电商促销活动期间，当其他品牌把重心放在刺激受众"快买我"时，某品牌却发布了主题为"别买我"的文案，鼓励受众维修旧物而不是购买新产品，成功树立了良好的社会形象，使其"拒绝过度消费"的品牌理念深入人心，并与其他快时尚品牌形成差异。

2.2.5　金字塔式结构法

一般来说，文案人员在思考文案创意时，常会采用发散思维进行各种联想，但此时的思维总是散乱而缺乏逻辑的，这时就需要采用金字塔式结构法梳理创意，让文案逻辑清楚、条理明晰。

1. 金字塔式结构法的含义

金字塔式结构法的原理是对写作思想进行逻辑阐述，它既可以表现纵向关系，也可以表现横向关系。金字塔式结构法通常表现为论点与论据之间的关系，一个论点通常由多个论据支撑，论据下还可能有多个子论据，由此形成金字塔结构，这样的结构有利于文案人员快速找准文案的主题和中心论点。

每一篇新媒体文案都有其独特的主题，且围绕主题展开，并根据主题确立论点，论点下又有论据，如此层层展开，使文案有理有据。图2-30所示为金字塔式结构。

图2-30　金字塔结构

2. 金字塔式结构法的运用

文案的主题通常是文案的卖点。文案人员可以通过金字搭式结构，梳理出能体现核心卖点的各论点，再列出支撑各论点的论据，以理清文案结构。该结构运用在新媒体文案中时表现为：若是短文案，文案内容呈总分关系；若是长文案，文案内容呈总分总关系。

例如，一篇题为《早期没有明显临床症状？慢性肾病可能正在逐渐杀死你的猫》的微信公众号推送文章，以"向受众科普猫的慢性肾病"为主题，先对"慢性肾病"进行了简单介绍，然后分别从如何发现慢性肾病和如何确认猫的肾病所处的阶段两个论点，对猫的慢性肾病进行介绍。其中，如何发现慢性肾病又被分为临床表现、定期体检、关注饮水量和排尿量，以及全面评估4个分论点，对患有慢性肾病猫的表现、猫定期体检的重要性和猫全面评估所需诊断项目进行介绍，帮助受众了解判断猫患病的方式及其用处。如何确认猫的肾病所处的阶段又被分为肾病分期、肾病分级和亚分级3个分论点，对患病猫的不同阶段、不同指标进行罗列，帮助受众了解猫的诊断报告。这篇文案不仅能够提醒受众关注猫的身体健康状况，引发受众对于猫的慢性肾病的重视，还能给受众留下专业的印象。图2-31所示为该篇文章的节选片段。

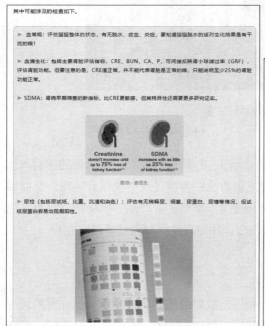

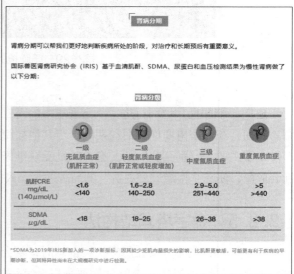

图2-31　文章的节选片段

专家指导

> 除了上述几种策略，要点延伸法也是一种较为常用的创意策略，其是将描述主体的特点单点排列开来，再针对单点进行延伸。例如，文案人员如果发现推广对象（如某款茶叶）具备一定的文化背景，包括工匠精神、助力当地产业发展和致富等，便可从这些方面来撰写文案，甚至还可从致富延伸到某个体在描述主体的帮助下发生的变化，层层挖掘，就很可能创作出优质的文案。

2.3 文案的传播

在新媒体背景下，文案的传播变得更有"社交感"，其传播链条由过去单向的"引发兴趣→阅读"变成双向和多向的"引发兴趣→阅读→反馈/互动→二次传播"。因此，文案不仅要引发受众的阅读兴趣，还要让受众产生自主分享、发送反馈信息或参与互动，以及再创作和二次传播的冲动。

2.3.1 新媒体文案的传播价值

一篇优质的新媒体文案在不同的应用场景下具有不同的传播价值。

1. 提升企业或品牌形象

新媒体文案能够让受众了解企业或品牌的信息、文化，加深受众对企业或品牌的认知，从而提升企业或品牌知名度，扩大企业或品牌的影响力，提升企业或品牌形象。

例如，洗护用品品牌多芬常常围绕"美丽"创作新媒体文案。近日，多芬在调查了多个行业女性的自拍修图情况后，发布了一条纪录片形式的短视频。短视频真实再现了调查中的对话过程，鼓励女性积极展现真实的自我，真正爱自己。图2-32所示为短视频片段，部分文案如下。

图2-32　短视频片段

据媒体调查，大多数受访者自拍后会修图
修图让我们变得越来越美，还是越来越像？
过半数参与调查的中国女性存在审美焦虑
多芬为她们找到了一张完全没有修过的照片
多芬邀请她们再拍一张"不用修"的照片
多芬想告诉每个女人：独特的你，很美
美，是修不掉的独特
我的美，我说了算

多芬此次发布的新媒体文案，从部分女性成长阶段中的真实经历出发，用温暖的话语传达了坚定的信念——"我的美，我说了算"，倡导美的多样性、独特性和真实性，树立了多芬正面的品牌形象，达到了提升品牌口碑的目的。

2. 刺激购买欲望，提高产品转化率

除了能提升企业或品牌形象外，新媒体文案还能刺激受众的购买欲望，扩大产品宣传范围，提高产品转化率，增加企业的经济效益。图2-33所示为某品牌的产品详情页文案，该文案就能很好地激发受众的购买欲望，提高产品转化率。由图可见，文案先提出了"衣服远比你想象的脏"的观点，让受众产生好奇心理和去污、除菌的需求；然后从去污、除菌、抑菌、气味等方面阐述了产品的优点，给予受众购买产品的信心；最后，辅以吸引力较强的价格优势激发受众的购买欲望。

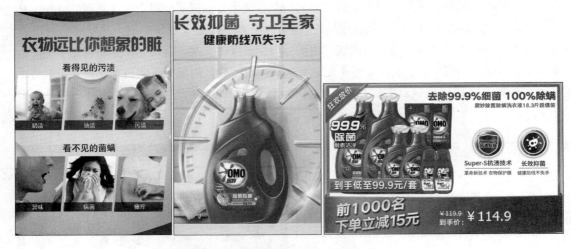

图2-33　某品牌的产品详情页文案

3. 传递信息

新媒体文案具有及时性、全球性、交互性等特点。因此，通过新媒体文案，企业或品牌可以及时传递产品信息、企业资讯，让受众了解相关情况。某品牌在其微博官方账号和微信公众号上发布了与产品、品牌和企业相关的资讯，受众通过文案就可以了解详细情况，如图2-34所示。除此之外，新媒体文案还可以向受众传递一些有价值的信息，如实用知识和技能、科普知识等。

图2-34 某品牌发布的资讯

2.3.2 影响新媒体文案传播效果的重要因素

文案人员要想扩大新媒体文案的传播范围，提高文案的营销效果，就必须了解影响新媒体文案传播效果的重要因素，以创作出更便于传播的新媒体文案。影响新媒体文案传播效果的重要因素主要有以下3点。

1. 新媒体文案的发布时间

新媒体文案的发布时间是一个影响新媒体文案传播效果的重要因素，同一篇新媒体文案在不同的时间发布，其传播效果往往不同。选择合适的时间发布新媒体文案，可以对传播起到事半功倍的效果。在发布新媒体文案前，文案人员需要先分析新媒体平台的特点，根据该平台不同时间段的用户在线数量以及产品或品牌的特点，选择合适的时间发布新媒体文案。

一般来说，7:00—9:00、11:00—13:00、17:00—19:00、21:00—23:00这4个时间段中，各平台在线用户较多，且较为活跃。文案人员可以根据文案主题、目标受众特点，在这些时间段发布新媒体文案。例如，一篇正能量或搞笑的新媒体文案可以在8:00前发表，方便受众在吃早餐时、上班路上查看，激发受众的工作积极性；一篇以推广产品为主的新媒体文案可以在20:00—21:00推送，为受众留出足够的时间挑选、购买产品；一篇以情感分享为主的新媒体文案可以在22:00后发布，此时的受众感情较丰富，新媒体文案能更好地触动受众、引起受众的认同与共鸣。

 专家指导

> 新媒体平台会审核账号发布的内容，且部分平台的审核时间较长，如哔哩哔哩、抖音等，针对这种情况，文案人员应提前发布新媒体文案，预留出审核时间，以便新媒体文案能够及时被受众看到。

2. 新媒体文案的发布平台

不同新媒体平台的传播特点和效果不尽相同，即使是相同的新媒体文案在不同的新媒体平

台上的传播效果也可能不同。例如，微信朋友圈仅好友可查看的特点，微信公众号只给粉丝推送新媒体文案的特点，决定了能够看到新媒体文案的受众，往往是对产品或品牌有兴趣，甚至已产生消费行为的受众，这类受众会因为自身的喜好、经验等更容易将新媒体文案转发、分享给其他人，从而形成良好的传播效果；与微信不同，微博上发布的信息任何人都可能看到，而微博上每天发布的信息众多，这加大了新媒体文案传播的难度。

因此，要确保文案得到良好的传播效果，文案人员就需要分析发布平台的用户偏好和传播机制，确保文案的写作方向与平台的相关机制匹配。图2-35所示为小红书用户相关的数据，由图可见，小红书的用户偏好美妆、护肤相关的内容，因此，与美妆、护肤相关的文案更容易在小红书上传播。

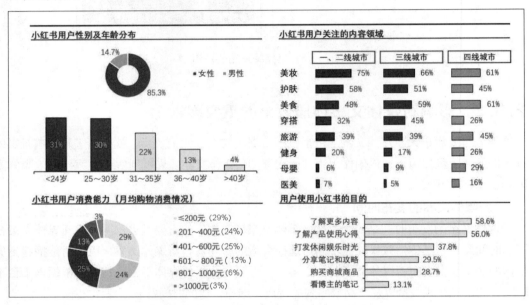

图2-35 小红书用户相关的数据

3. 新媒体文案的内容

除了发布时间和发布平台等外在因素外，新媒体文案的内容也非常影响新媒体文案的传播效果。文案人员可从以下3个方面出发，创作出更便于传播的新媒体文案。

- **提供实用价值**。在新媒体文案中为受众提供实用价值，有利于促进受众分享新媒体文案，扩大新媒体文案的传播范围，从而获得更好的营销效果。新媒体文案中，常见的实用价值包括产品使用、产品或服务挑选、疑难解答3个方面的内容，一般侧重于为受众解决日常生活中的问题。例如，新媒体文案《超级有意思且非常实用的心理学小窍门》就是通过介绍一些日常生活中有用的小窍门，为受众提供实用价值，扩大了传播范围。
- **引导互动**。与受众互动能够加深受众对新媒体文案的印象，提高受众分享新媒体文案的概率。文案人员可以在新媒体文案的结尾部分，利用引导性话语，让受众参与互动。如果是视频式的新媒体文案，文案人员还可以在视频中通过提问的方式让受众参与互动。
- **重复核心语句**。在新媒体文案中，不断重复核心语句可以加深受众对产品或品牌的印象，提升产品或品牌的影响力。例如，天猫在3月7日发布了题为《爱自己就是了不起》

的视频式文案，文案通过"女生有很多东西需要去爱 好像都少了点自己"，引出主题"爱自己"，并在文案中不断重复"爱自己"以及"也是一种爱自己"，引导受众关爱自己，使文案主题深入人心，从而增加了文案的曝光度并扩大了传播范围。图2-36所示为《爱自己就是了不起》视频片段。

图2-36　《爱自己就是了不起》视频片段

📈 本章实训 ●●●● · ·

1. 为保温杯品牌搜集和整理端午节素材

文案人员做好素材的日常搜集和整理工作，可以解决写作时无话可说、无事可写、无情可抒等问题。本次实训将为某保温杯品牌搜集和整理与端午节相关的素材，以帮助读者巩固搜集和整理新媒体文案素材的相关知识。

【实训背景】

端午节又称端阳节、龙舟节、重午节、天中节等，是我国的传统节日之一。"端"即"最初"的意思，"端午"原为"端五"，意为第一个五日。一年中每个月的初五日，都可以称为"端五"。古人为了区别五月与其他月的初五，便根据干支纪月的方法，用五月的天干"午"替代"五"，且"五"与"午"谐音，"端午"也就特指五月初五。端午节的习俗非常多，有赛龙舟、吃粽子、挂菖蒲和艾草、给小孩涂雄黄、大人饮用雄黄酒和菖蒲酒等。其中，最主要的是赛龙舟和吃粽子。

"优利"是一个保温杯品牌，杨园是"优利"的一名文案人员。临近端午节，"优利"准备在端午节发布一则推广文案，该文案由杨园负责。为此，杨园准备先搜集和整理素材，为后续撰写文案做准备。

【实训要求】

本实训的具体要求如下。

① 搜集产品相关的素材。

② 在百度、微信、微博、知乎、小红书等平台搜集与端午节相关的素材。

③ 汇总并分类整理所有素材。

【实施过程】

根据实训要求，本实训的实施过程分为以下3个部分。

（1）搜集产品素材

在杨园看来，无论撰写哪类文案，在文案中添加产品信息，能很好地加深产品在受众心中的印象，促进产品的销售。于是，杨园搜集了最近主推保温杯的产品图片，如图2-37所示（配套资源：\素材\第2章\保温杯\）。

图2-37 产品图片

（2）搜集端午节素材

搜集好产品相关素材后，杨园准备在网上搜集与端午节相关的素材，具体操作如下。

搜集端午节素材

步骤 01 在计算机桌面上单击鼠标右键，在弹出的快捷菜单中选择【新建】/【Microsoft Word 文档】命令，此时桌面将出现一个新建的Word文档，将其名称修改为"端午节文字素材.docx"。

步骤 02 打开百度搜索引擎，在搜索文本框中输入"端午节"，如图2-38所示，按【Enter】键，在打开的页面中浏览搜索结果，单击搜索结果页中的标题，查看具体的信息。

图2-38 输入"端午节"

步骤 03 ▶选择需要的文字素材，按【Ctrl+C】组合键复制文字，切换到"端午节文字素材.docx"文档中，按【Ctrl+V】组合键粘贴素材，如图2-39所示。

> 楚人悲屈原，千载意未歇。精魂飘何在，父老空哽咽。至今沧江上，投饭救饥渴。遗风成竞渡，哀叫楚山裂。
>
> 《屈原塔》苏轼

图2-39　文字素材

步骤 04 ▶进入微信App，点击首页界面上方的"搜索"按钮，在打开界面的文本框中输入"端午节"，在搜索结果中选择图2-40所示的"端午节"选项。

步骤 05 ▶在打开的界面中点击"文章"选项卡，浏览端午节相关的文章。挑选到适合自己文案的素材后，点击文章右上角的"…"按钮，在打开的菜单中选择"收藏"选项，如图2-41所示。

步骤 06 ▶继续点击"…"按钮，在打开的菜单中选择"复制链接"选项，然后返回首页，选择"文件传输助手"，在打开的聊天界面中发送复制的链接，如图2-42所示。

图2-40　选择"端午节"选项

图2-41　选择"收藏"选项

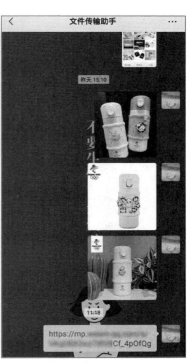

图2-42　发送复制的链接

步骤 07 ▶使用计算机登录微信，登录后选择"文件传输助手"，在聊天界面中复制链接到"端午节文字素材.docx"文档中，并在其后输入"微信公众号文章开头素材"，如图2-43所示。

> 楚人悲屈原，千载意未歇。精魂飘何在，父老空哽咽。至今仓江上，投饭救饥渴。遗风成竞渡，哀叫楚山裂。
>
> 《屈原塔》苏轼
>
> https://□□□□□□□□□□fQg 微信公众号文章开头素材

图2-43 复制链接

步骤 08 ▶ 打开微博App并登录，如图2-44所示，选择界面下方的"发现"选项，在打开的界面上方的文本框中输入有名的保温杯品牌名称，此处输入"膳魔师"，然后在搜索结果中找到并进入"膳魔师"官方微博。

步骤 09 ▶ 在"膳魔师"官方微博主页界面中点击右上方的"搜索"按钮，在打开的界面的文本框中输入"端午节"，然后寻找自己所需的素材，此处点击图2-45所示的海报。长按该海报，在打开的界面中选择"保存图片"选项，如图2-46所示。

步骤 10 ▶ 将保存在手机中的图片通过微信发送并保存到计算机中（配套资源：\素材\第2章\膳魔师端午节推广海报.jpg）。

图2-44 选择"发现"选项　　图2-45 点击推广海报　　图2-46 保存图片

步骤 11 ▶ 在知乎、小红书等平台，搜集与保温杯、端午节相关的其他素材，如粽子图片、划龙舟图片、保温杯图片、产品属性文字素材、保温杯宣传视频、推广文案的常见写法及术语等，如图2-47所示。

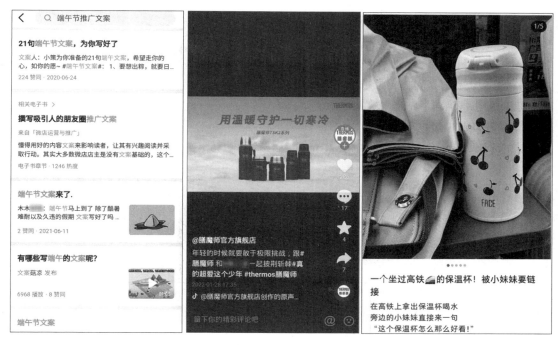

图2-47　其他素材示例

（3）汇总并分类整理素材

汇总所有素材，将素材按照类型进行分类整理。例如，可以将素材分类汇总到图片、文字和视频等文件夹中，以便后续使用。

2. 使用九宫格思考法构思端午节推广文案创意

文案人员可以利用九宫格思考法发散思维，寻找灵感和创意。本次实训将使用九宫格思考法完成端午节推广文案的创意设计，帮助读者掌握新媒体文案的创意策略，撰写出富有创意的新媒体文案。

【实训背景】

历史悠久的传统节日承载着中华民族厚重的文化，是中华民族智慧的结晶。重视我国的传统节日对于弘扬优秀民族文化与民族精神，具有多方面的积极意义。

在杨园看来，将产品与端午节结合起来并不简单，文案既要突出节日，又要在无形之中推广产品或品牌。为了激发自己的灵感，撰写出更有创意的文案，杨园决定使用九宫格思考法完成创意设计。以下为"优利"品牌的主推保温杯的特点。

- 杯盖处设置有独立茶仓，可将茶、水分离，饮茶时无须吐茶叶。
- 茶仓和水杯之间设置有滤网，使得茶叶碎渣不会融入水中。
- 内胆采用3016不锈钢材质，在高温环境下也有很好的耐腐蚀性。
- 杯盖搭配有硅胶密封垫，无异味、不漏水。
- 杯身采用喷塑工艺，为磨砂质地，不冰手、不易滑落。
- 采用硅胶底垫，不易开裂，能有效防震、防摔。
- 简约美观，男女均适用。
- 通过保温测试，在20摄氏度以下的环境中，装满90摄氏度左右的热水，密封放置10小时以上，温度仍可达到45摄氏度。

【实训要求】

本实训的具体要求如下。

① 使用九宫格思考法展开画面联想，并为文案构建场景。

② 使用九宫格思考法构思文案创意。

【实施过程】

根据实训要求，本实训的实施过程中的具体操作步骤如下。

步骤01 ▶ 拿一张白纸，先画一个正方形，然后用笔将其分割成9个大小相等的格子，再将产品名称写在正中间的格子内，如图2-48所示。

步骤02 ▶ 将根据产品的特点提炼的卖点写在空白的8个格子内。

步骤03 ▶ 查看这些卖点是否必要、明确，内容是否有重合，据此进行修改，一直修改到满意为止，如图2-49所示。

	优利保温杯	

图2-48　填入产品名称

健康养生	茶、水分离	保温效果好
温暖驱寒	优利保温杯	防震防摔
利于携带	自在饮茶	密封性好

图2-49　填入卖点

步骤04 ▶ 将九宫格中的词语与端午节联系起来展开画面联想，构建场景。例如，端午节，一老一少悠闲地坐在院子里，爷爷指着粽子给孙子讲述端午节的来历，在说话的过程中拿起保温杯饮茶。

步骤05 ▶ 结合搜集的文案素材，得出自己的文案创意。例如，可以设计一张推广海报，在海报正中绘制一个粽子和一个咸鸭蛋，右边附上产品，文案可以为"端午 '优利'相伴，与'粽'不同"，既体现节日的风俗，又体现产品，如图2-50所示。

拓展延伸

借助新媒体文案来进行营销是现在比较流行的营销方

图2-50　推广海报

式，熟练新媒体写作的前期准备、掌握受众的消费心理能帮助文案人员写出具有高传播率、高转化率的文案。下面我们将从搜集整理素材的其他工具和受众的消费心理出发进行拓展，以帮助文案人员提高文案质量和写作效率。

1. 搜集整理文案素材的工具还有哪些？

OneNote是一款非常好用的搜集整理文案素材的工具，可以用于分类整合文字类、图片类素材，具有图片转文字、笔记分区、淡彩荧光笔（用于标注）、实时录音等功能，而且支持手机、平板电脑、计算机同步使用，功能多样，操作简单。打开OneNote的工作界面后，将会出现标签名为"快速笔记"的功能指引界面，包括如何做笔记、如何建立分区、页面等。

OneNote的基本操作方法如下。

步骤 01 ▶进入OneNote工作界面，单击"新分区1"选项卡，进入"新分区1"编辑页面，双击"新分区1"选项卡，可对"新分区1"进行重命名。

步骤 02 ▶如果要做笔记，可在编辑区中输入并编辑标题和正文内容。单击"开始"选项卡，可对笔记的字体格式等进行设置。

步骤 03 ▶单击编辑区右侧导航栏中的"⊕ 添加页"按钮，可新建页。单击"新分区1"选项卡右侧的"＋"按钮，或在其上方单击右键，在弹出的快捷菜单中选择"新建分区"命令，新建分区，如图2-51所示。

步骤 04 ▶快捷菜单中还提供了多项命令选项，包括导出、复制指向分区的链接、新建分区组、节颜色等，选择相应命令即可完成相关操作。图2-52所示为使用OneNote做笔记的示例，涉及的操作包括改变节颜色、重命名、添加内容、设置字体格式、新建分区、添加页、复制并粘贴分区链接（单击"丙烯画作品临摹"链接可直接跳转到该分区）等。

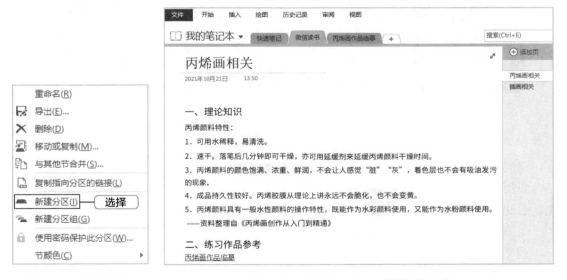

图2-51　新建分区　　　　　图2-52　使用OneNote做笔记的示例

2. 如何解决受众"了解但不想买"的消费心理？

目前市场上大部分的产品或品牌经常面临这种情况：受众对产品有一定的了解，且在某方面认同产品，但由于可选择的同类产品众多，对产品价值或品质等存在疑虑，暂时不想购买该

产品。这时，文案人员可以采用以下两种方法促进潜在受众做出购买决定。

- **使用刺激性的内容。** 使用能够激起受众强烈情绪的文字，让受众可以"看到"和"感觉"到产品。受众无法触碰到互联网上的产品实体，因此需要在文案中用大量的视觉元素来唤起受众的"想象力"，让他们感觉到自己已经拥有了产品，从而增强其购买的欲望。

- **提供更多可信的保证。** 当文案提供了更多的产品细节、产品评论、代言人保证、国家认证等信息时，企业或品牌所要销售的产品或服务将更有说服力。需要注意的是，在这个阶段，受众只是观望，还没有决定购买，因此文案要强调的是"解释产品比竞争对手好在哪里，以及要如何激发受众的购物欲望"。

📖 课后练习 ●●●●●

相关数据显示，我国每销售的10枝鲜花中，就有7枝来自云南。鲜花产业已成为云南省重要的新兴产业，对云南省发挥资源优势、调整农业产业结构、培育新的经济增长点、增加农民收入具有显著的促进作用。

王一是云南省曲靖市某村的村民，近来她和朋友合资开了一家网上花店，店名为"浅浅花坊"，但由于不善经营，花店的盈利情况十分不乐观。为改善经营现状，她们决定七夕节时在新媒体平台发布文案来宣传花店，提高鲜花的销量。图2-53所示为浅浅花坊的部分产品图（配套资源：\素材\第2章\鲜花\）。

33朵蓝色妖姬花束　　33朵红玫瑰尤加利款　　9朵香槟玫瑰满天星花束　　33朵粉玫瑰花束

图2-53　浅浅花坊的部分产品图

请同学们以6～8人为一组，先为王一搜集和整理与鲜花、七夕节相关的素材，然后使用头脑风暴法，根据搜集的素材完成七夕节宣传文案的创意设计。各小组可按照以下步骤完成文案创意的设计。

① 确定成员数量和具体成员。

成员数量：_____人

具体成员：_____

_____

② 搜集素材。先搜集与七夕节有关的文字素材，如可以在微信公众号或今日头条中搜索品牌发布的七夕节相关的文章，然后搜集结合鲜花与七夕节的文案素材，包括图片、视频等。搜集素材后，把你觉得印象深刻的句子写在下方横线上。

_____

_____

_____

_____

　　③ 整理素材。把搜集到的素材按照文字、图片、视频、链接等形式分类整理汇总，以便后期使用。

　　④ 使用头脑风暴法，根据搜集到的素材开发思维，获取创意。同学们可以按照以下步骤利用头脑风暴法完成文案的创意设计。

　　第一步：各小组分别选择花店的某个单品开展文案的创意设计，并围绕七夕节确定主题，如可以爱情为主题。

　　第二步：在主题范围内发散创意，成员自由发挥想象并列出关键词，如鲜花、七夕节、爱人、拥抱等，然后将列出的关键词填写在表2-5中。

表2-5　列出关键词

思考角度	特点A	特点B	特点C	特点D
角度1				
角度2				
角度3				
角度4				

　　第三步：组合与搭配关键词，然后展开画面联想，构建场景。例如，忙碌的情侣许久不见，在七夕节为彼此送上一束鲜花。

　　你的场景联想：_____

_____

_____

　　第四步：表述文案创意思路，并在下方横线上写出你的创意思路。

_____

_____

_____

　　第五步：成员自评该创意是否准确表达了主题，以及是否有亮点和吸引力，并进一步优化。

_____

_____

_____

第3章 新媒体文案的具体写作

受众一般按照标题、正文的顺序阅读新媒体文案，但文案人员在写作文案时却不能只考虑标题和正文。文案人员要想写出一篇吸引力强、转化率高的新媒体文案，首先应当确定文案的结构，然后拟定具有吸引力的标题来激发受众的点击欲望，并撰写有价值的正文来降低受众的跳出率，同时引导受众采取相应的行动。

学习目标

- 熟悉新媒体文案的结构。
- 能够拟定具有较强吸引力的标题。
- 能够撰写结构完整、富有创意的正文。

素养目标

- 积极学习专业知识，加强自律，秉持正确引导社会舆论的原则。
- 遵守《广告法》的相关规定，培养规范用词的良好习惯。
- 坚持社会主义核心价值观，培养营造良好网络风气的意识。

案例导入

"爆竹声中一岁除，春风送暖入屠苏。千门万户曈曈日，总把新桃换旧符。"不管年纪多大，人们对新年总是抱有期待。2022年1月，天猫围绕"新年更有新期待"发布了题为《因为过年了》的短视频。短视频文案采用了与朋友对话的形式，串接过年的场景，既有家人间的温情脉脉，也有奔波买票的经典桥段，如"你可能又要和妈妈说都不贵，因为在你心里最贵的是她开心""回家的票不好买，不知道你抢到没有"等。在展现了过年的场景后，短视频文案最后点明了主题——期待，以"它不负责快乐，也未必能改变什么，但它总会提醒我们，那些各自期待的小事情，时间一到，自会发生"传递了人们对过年的期待。图3-1所示为《因为过年了》短视频片段。

图3-1 《因为过年了》短视频片段

这支短视频的文案场景代入感特别强，以"期待"为主题，采用总分总式结构，从多个生活中的小场景出发，引导受众置身其营造的场景中，激起受众对未来的信心和期待，引起受众的共鸣，加强受众与品牌之间的情感连接。

案例思考

① 文案标题"因为过年了"和主题"期待"有什么关联？

② 该文案的结构是怎么样的？有什么样的作用？

 文案结构的确定

如果把新媒体文案比喻为一棵参天大树，那么结构就是大树的主干，标题和正文则是大树的树叶，只有主干充满营养，大树才能枝繁叶茂。因此，文案人员在写作文案之前，需要先确定好文案的结构，梳理清楚文案的主题与论点、论点与论点、论点与论据之间的关系，才能让受众清晰地获取文案传达的信息，增强文案对受众的吸引力。

课堂讨论

回想高中写作文时，老师通常会要求先列提纲，这是为什么呢？提纲包括哪些内容呢？其中，结构安排为什么是最重要的部分呢？

3.1.1　并列式结构

并列式结构一般从描述主体的各方面特征入手，不分先后顺序和主次，各部分并列地叙述事件、说明事物。并列式结构下，各部分间是相互独立的、完整的，能够从不同侧面来阐述主体，即材料与材料间的关系是并行的，即便前一段材料与后一段材料位置互换也不会影响文案主题的表现。并列式结构的文案正文各部分关系紧密，共同为文案主题服务。例如，美的空调的产品详情页文案就常采用并列式结构，分点并列介绍产品卖点，各卖点之间没有明显的主次之分，如图3-2所示。

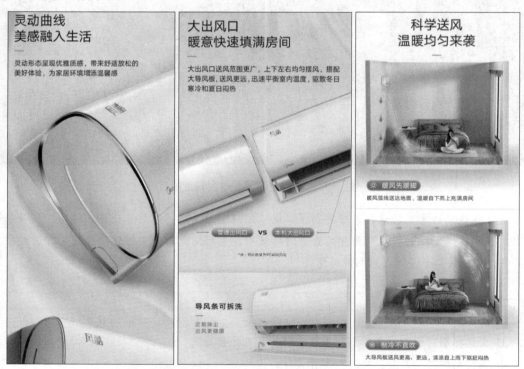

图3-2　并列式结构的文案

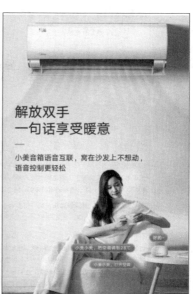

图3-2　并列式结构的文案（续）

除了产品详情页文案外，很多分享推广型软文也采用的是并列式结构。并列式结构的文案组成形式基本分为两种：一种是围绕中心论点平行地列出若干个分论点，另一种是围绕一个论点列出几个并列关系的论据。不管采用哪种形式，文案人员都要注意，并列部分的内容要各自独立又紧紧围绕中心论点，且要防止各部分间产生从属关系或交叉关系。

3.1.2　总分式结构

总分式结构一般先总起全文，点明主题，再分层叙述，呈现发散式的结构。其中，"总"是指对文章的总结，起点明主题的作用；"分"指的是分层叙述，即围绕中心论点横向展开，一一进行论证，逐层深入。

文案采用总分式的结构可以让受众快速获取自己所需的信息，同时还能突出主题，增强文案对受众的吸引力。例如，"成都景区直通车"微信公众号发布的《三星堆是个什么堆？三星堆最全游园指南7.0版！》就是这样的结构，第一段总结全文要讲述的内容，然后从两方面展开论述，介绍三星堆的基础知识和游园指南，包括交通、票务、餐饮等，文案脉络清晰，将三星堆的方方面面介绍得十分清楚，如图3-3所示。

🎓 **专家指导**

> 除了总分式，常见的文案结构还有总分总式，它在总分式结构的基础上加了个结论，该结论是对全文的归纳、总结和必要的引申。文案人员在运用总分总式结构时要注意，各部分间必须有紧密的联系，分述部分要围绕总述部分进行，总述部分应是对分述部分的总结。

图3-3　总分式结构的文案节选

3.1.3　欲扬先抑式结构

欲扬先抑式结构也称抑扬式结构，即为了肯定某人、某事、某景、某物，先用消极的态度去贬低或否定它的一种写作方法。例如，要写某个人的好，开头先写他的缺点，再通过展示他的优点来赞扬，但要注意"抑少扬多，扬能压抑"。

加多宝败诉后推出的"对不起"系列文案是非常经典的欲扬先抑式结构，每一段的前半段都是在贬低自己，而后半段却在高度赞扬自己，从而体现出自己的优势，如下所示。

> 对不起！是我们太笨，用了17年的时间才把中国的凉茶做成唯一可以比肩可口可乐的品牌。
>
> 对不起！是我们太自私，连续6年全国销量领先，没有帮助竞争队友修建工厂、完善渠道、快速成长……

欲扬先抑式结构的文案可以让受众产生反差感，并加深印象。这是因为受众在阅读这样的文案时有所思考，因此对某个事物产生了深刻的印象。除了加多宝之外，江小白在其10周年时发布的多条"郑重声明"系列文案也属于典型的欲扬先抑式结构，文案看似罗列了品牌的缺点，实际是在回应市场上的各种质疑，进而传播品牌文化，如图3-4所示。

图3-4 欲扬先抑式结构的文案

3.1.4 递进式结构

递进式结构是指按照事物或事理的发展规律及逻辑关系，一层一层地组织材料的写作方式，写作时，往往后一个材料建立在前一个材料的基础上。递进式结构的文案具有逐层推进、逻辑严密的特点。递进式结构的写作可以借议论体、对话体或故事体的方式来实现，其写作的重点往往放在文案的后半段，且写作思路倾向于逻辑推理，有一条清晰的思维脉络，可以引领受众跟随思路走，不至于半途"撤退"。

例如，全心创客联盟社群的宣传文案就是采用递进式结构，展现了该社群的精神内涵，该文案如下。

我相信伟大的发现

我相信做出发现的人

我相信创业者的紧迫

他行动的精准

他的自由意志

一切相信，皆在全心创客社群！

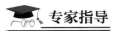 专家指导

递进式结构的文案有3种写法：一是由现象递进到本质、由事实递进到规律；二是直接讲道理，层层深入；三是提出"是什么"后，展开对"为什么"的分析，最后讲"怎么样"。

需要注意的是，由于递进式结构的文案是层层递进地表达文案的主题，因此文案人员在创作这一类型的文案时，在开头就要牢牢抓住受众的眼球，引导其阅读完整的文案。

3.1.5 三段式结构

三段式结构由新闻学中的"倒三角"写法发展而来，这种结构比较适合篇幅较长的文案，主要分为3段。

- **第一段**。用简洁的语言概述事件的主体、客体、时间、地点等，然后用一句话概括主旨。
- **第二段**。针对第一段中的内容展开描述，交代详细的背景、过程和相关的细节，重点在于描述事件的"缘由"。
- **第三段**。提出观点，升华主题。

值得注意的是，这里的"3段"并不是指文案由"3个自然段"组成，而是将全文分为"3个部分"的意思。

例如，伊利为宣传其舒化奶时发布的视频式新媒体文案采用的是三段式结构。该文案分为3个部分，第一部分通过"焦虑""孤寂""压力"等词，概述受众的现状；第二部分则从选礼物、老友聚会和红包3个方面对前一部分的"过年压力"进行延伸、说明，引出肚胀、乳糖不耐受等问题，使文案内容自然过渡到无乳糖的舒化牛奶上；第三部分则再次强调"过年送舒化，被夸别人家好孩子"及其卖点"人人都能喝"，加深了受众对舒化奶的印象，吸引受众购买舒化奶，如图3-5所示。

图3-5　三段式结构的文案片段

■ 3.1.6　穿插回放式结构

穿插回放式结构一般以某物或某种思想情感为线索，通过插叙、倒叙的方式叙述内容，具有超越时空、内容灵活等特点。文案人员采用该结构时，需先选好串联内容的线索，然后围绕该线索组织内容。

例如，题为《在平安回家的前提下，和自己谈谈心吧》的新媒体文案就采用了穿插回放式结构，该文案的作者通过描述自己从坐上列车到途中的感想，穿插学生时代和上班后坐车回家时的不同，引出"每个人的心里都会有一个符号，让我们不曾忘记自己为了什么而努力吧"的主题，借机推广某品牌的牛奶，如图3-6所示。

晚上好。 今天你回到家了吗？ 还是在路上？ 我是今天 才坐上回家的车。 还未上车前， 旁边的列车刚刚启动， 月台就传来了一阵嘹亮的风声。 车厢喧闹， 喧闹到每一个人的声音 都能传到耳里； 声音明明很多， 可是我却感到安静了。 安静到只能听见自己心底的想法。	行驶的列车 穿梭在城市和山野之间， 无数的故事在其中延展开来。 归家路上还在努力着的人们， 各怀着心事和念想。 足够碰巧的话， 也许你也会在列车上拥挤的人群里， 看到抱着电脑， 用键盘敲下这句话的我。 想起读书时坐车回家的路上， 都是心无旁骛地想着， 回家要吃什么，想见谁。 真正成人后， 开始有了更大的理想。	去年回到家，我在房间里发现一本学生时代的笔记本，里面有句话："只有勇往直前地奋斗，不折不挠地拼搏，才会拥有幸福的人生。" 随着年岁渐长，我们都很难相信打鸡血一样的话，但是总有一些朴素的念头会一直留在我们的身体里。 每个人的心里都会有一个符号，让我们不曾忘记自己为了什么而努力吧。 而一直致力于打造中国好牛奶的金典，也有着这样的追求。3年的土壤净化，10年的产量牺牲，13年坚持有机，金典对细节的极致追求和倾力的付出铸就了3.8克优质乳蛋白。 每一个普通人的努力和金典的追求都是一脉相承的。

图3-6　穿插回放式结构的文案节选

3.2 文案标题的拟定

在互联网时代，面对海量的信息，人们养成了碎片化阅读的习惯，往往只会关注瞬间就能吸引其眼球的信息，因此文案标题的重要性日益凸显。只有文案标题有足够的吸引力，受众才会进一步浏览后面的信息，进而查看和关注相关产品、品牌、活动等的具体信息。因此，文案人员在确定好文案的结构后，还应当了解拟定标题的基本准则和标题的常见类型，并运用一些写作技巧来拟定文案的标题。

■ 3.2.1　拟定标题的基本准则

新媒体文案的标题是受众浏览文案时最先看到的部分，其好坏直接影响着文

标题的作用

案的点击率，因此，标题一定要能吸引受众的眼球，引起受众的阅读兴趣。但需要注意的是，文案人员还应当保证新媒体文案标题与正文相呼应，不能做"标题党"（指网络中故意用较为夸张的文案标题吸引受众点击观看内容的行为或人），在写作时一定要坚持遵循真实、有趣、有痛点和用语通俗的基本准则。

1. 真实

真实是拟定新媒体文案标题的首要准则。新媒体文案标题的内容要真实有效才能获得受众的信任。如果新媒体文案的标题与实际内容不符，甚至断章取义、歪曲事实等，将会损害企业或品牌与受众之间的关系，甚至严重影响企业或品牌的口碑。

例如，某品牌发布了一篇名为《年终大促销，点击就有奖品》的新媒体文案，受众点开一看却是一张购买小汽车减15元的优惠券，瞬间觉得自己受到了欺骗，纷纷留言斥责品牌方，有的受众还取消了对该品牌账号的关注。

2. 有趣

一个有趣的标题可以激发受众的阅读欲望，吸引受众查看具体的新媒体文案内容，为新媒体文案带来更多阅读量。因此，文案人员拟定标题时除了要坚持真实准则，还应当提升标题的趣味性，案例如下。

> 原标题：这款手机采用优质感光元件，夜拍能力超强
>
> 修改后：哇哦！这款手机竟然可以拍星星

相比于第一则标题直接展示产品特点，第二则标题将产品的强大夜拍性能与拍星星结合起来，不仅体现了产品的使用价值，还显得更加生动、有创意。

3. 有痛点

痛点是指正在困扰受众或者受众急需解决的问题。一般来说，受众对自身的痛点敏感又渴望得到解决，文案人员在标题中提出痛点，有利于提高文案的点击率，案例如下。

> 原标题：2022，自媒体运营攻略
>
> 修改后：2022，自媒体如何运营才能变现？
>
> 原标题：多项直播小技巧等你来学习
>
> 修改后：掌握这些技巧让你从直播小白进阶为热门主播，轻松"吸粉"

第一则的原标题只有简单的总结，难以对受众产生吸引力，而修改后的标题直击受众的痛点——变现，受众点击的欲望就会增强；第二则修改之后的标题强调了学习直播技巧后的效果（从直播小白进阶为热门主播），与受众渴望解决的痛点相关，能够吸引有这类需求的受众点击。

4. 用语通俗

用语通俗是指标题语言要去书面化，尽量使用通俗易懂的语言，降低受众的阅读难度，帮助受众节约阅读时间。在拟定标题时，文案人员切忌使用太多长句和晦涩的专业语，否则受众

难以理解或会不耐烦，从而放弃继续查看，案例如下。

> 原标题：全气候电池，革命性突破锂电池在低温下性能的局限
>
> 修改后：我们发明了"不怕冷"的锂电池

原标题的语言十分书面化，句子也比较长，受众理解起来会花较多时间，而修改后的标题更加通俗易懂，用"不怕冷"来表述新锂电池的特点，让受众一下就能明白该文案想要表达的要点，也更容易引起受众的阅读兴趣。

职业素养

近年来，"标题党"频繁出现，不仅严重影响了大众的阅读体验，还破坏了良好的传播环境。文案人员是网络信息的重要产出者，应当积极学习专业知识，不断提升自身的思想政治认识，秉持正确引导社会舆论、传播社会正能量的原则，加强自律，避免成为"标题党"。

3.2.2　标题的常见类型

文案标题类型多样且各有特点，了解文案标题的常见类型，可以帮助文案人员拟定具有吸引力的标题，从而提高文案的点击率。

1. 直言式标题

直言式标题是目前人们常用的一种标题类型，其特点是直观明了、实事求是、简明扼要。直言式标题一般会直接宣告某事项或直接告诉受众能获得的利益与服务。直言式标题示例如下。

> 在线PPT课程只需要9.9元，先买先学习！
>
> 低至49元！青年春游必备单品
>
> 开学前必买，半价安排等你来！
>
> 建议收藏的实用手机壁纸，关注即可免费领取

2. 提问式标题

提问式标题即用提问的方式来引起受众注意，提问方式包括反问、设问、疑问等。该类型的标题旨在通过提问激发受众的好奇心，从而引导受众阅读文案。图3-7所示为提问式标题的示例。

图3-7　提问式标题的示例

除此之外，以下标题也是提问式标题。

新手小白做有声主播有前途吗？能当副业赚钱吗？
如何保养手机电池？
洗完头第二天头发就出油，换洗发水有用吗？

3. 对比式标题

对比式标题指在标题中通过与相似的人、物等的对比来引起受众的注意。使用对比式标题一般是为了突出产品的特点和优势，加深受众对产品的认知。以下为对比式标题的示例。

OPPO Reno7对比OPPO Reno7Pro：拍照篇
比起无止境地做题和考试，这项学习"软技能"对孩子更重要！

 专家指导

> 需要注意的是，标题选用的对比对象应是受众所熟悉的。另外，对比式标题一定要符合事实，不可虚构事实或贬低比较对象。

4. 证明式标题

证明式标题就是在标题中以见证人的身份阐释产品或品牌的好处，增强受众的信任感，证明既可是自证，也可是他证。该类型标题常以自述的口吻来传递信息，语言自然通俗。图3-8所示为证明式标题的示例。

 亲证！喷几次被问几次！高级不俗气！
姐妹们！夏天来了身上必须香喷喷，清爽爽！本人在南开大悦城RE调香室闻了半个多小时才选出来的！
小红书App小程序

 亲测：百公里油耗只需3L
亲测油耗：3.2L/100km 自从DM-i系统下线以来，比亚迪每次举办DM-i新车试驾活动时总是将主题默认为"节能赛" …
车主指南 2个月前
车友都石

图3-8　证明式标题的示例

5. 悬念式标题

悬念式标题通过设置悬念，利用受众的好奇心来引发其对文案的阅读兴趣。注意，文案人员设置的悬念应该浅显易懂，不能故弄玄虚。图3-9所示为悬念式标题的示例。

图3-9　悬念式标题的示例

除此之外，以下标题也是悬念式标题。

她辞职以后做了自媒体，结果……

10年时间账单，看到最后一条泪奔了

预防近视的关键不是"少玩手机"

6. 夸张式标题

夸张式标题是通过恐吓的手法来吸引受众的关注，特别是对心里有某种担忧的受众来说，夸张式标题可以引起他们的危机感。夸张式标题可以有一定的夸张成分，但不能歪曲事实，要在陈述某一事实的基础上，引导受众意识到其从前的认知是错误的，或使其产生危机感，从而引起其对所推广产品或服务的认同。以下为夸张式标题的示例。

腰椎间盘突出了？千万不要上这当！

千万小心，已经有好多人这样做了！

教训惨痛，这种风扇千万不要再用了！

7. 号召式标题

号召式标题是通过鼓动性的话语号召受众做出某种决定或行为。号召式标题的第一个词一般是明确的动词，具有祈使的意味，从而让受众感觉到查看文案的重要性和必要性，进而产生点击行为。图3-10所示为号召式标题的示例。

图3-10　号召式标题的示例

8. 新闻式标题

新闻式标题比较正式且具有较强的说服力，主要以报告事实为主，是对近期发生的有意义的事实的介绍。新闻式标题一般用来告知受众最新消息，包括产品发布信息或企业重大决策等，目的在于引起受众对企业最新事件的好奇，继而阅读正文，图3-11所示为新闻式标题的示例。

图3-11　新闻式标题的示例

9. 话题式标题

话题式标题中包含热点话题，能够吸引受众讨论和分享。热点话题通常为新近引发广大网友讨论的热点事件，包括热门赛事、热门影视剧、广受关注的社会事件，以及被广泛运用与传播的网络热词等，自带热度，可增强标题的吸引力。例如，北京冬季奥林匹克运动会（以下简称北京冬季奥运会）是大众关心的热点话题，于是很多标题都与该热点话题相关，如图3-12所示。

图3-12 话题式标题的示例

10. 颂扬式标题

颂扬式标题是用正面、积极的态度，对产品或服务的特征进行适度、合理的称赞，以突出产品或服务的优点。例如，雀巢咖啡的"味道好极了"、美国M&M's公司的"只溶于口，不溶于手"等。需要注意，这类标题需注意表述分寸，应避免强烈的感情色彩，以事实为依据，避免出现自我炫耀、夸大等情况，以免造成受众的反感。以下为颂扬式标题的示例。

> 只要30元，这款发膜能使你的头发飘逸柔顺，表现个性美！
> 新款冰箱强势来袭，节能环保不只是嘴上说说！

3.2.3 标题的写作技巧

优秀的标题不但要能激发受众的阅读欲望，还要能引导受众消费。为此，文案人员还需要掌握标题的写作技巧，增强标题的吸引力。

1. 巧用修辞手法

比喻、引用、对偶、双关、拟人和夸张等修辞手法不仅可以增加标题的吸引力和趣味性，还可以增强标题的创意性。

（1）比喻

比喻指用某些类似的事物来比拟另一事物。比喻是文案人员创作标题时常用的修辞手法，除了可以增强标题的生动性和形象性外，还可以化深奥为浅显、化抽象为具体，帮助受众更好地理解产品或品牌的特性。以下为使用了比喻修辞手法的标题示例。

某鸭绒被产品的文案标题——你恍如躺在洁白的云朵里
某电池产品的文案标题——装在口袋里的能源

（2）引用

引用就是把诗词歌赋、名言警句、成语典故、俗语方言等引入标题，增强标题的文化底蕴。文案人员使用引用修辞手法时，可以直接引用原句，也可以引用原文大意。图3-13所示的标题就使用了引用的修辞手法，其引用了唐代诗人白居易的作品《琵琶行》中的"千呼万唤始出来"的诗句，并进行了改编。

千呼万唤「驶」出来

图3-13　使用了引用修辞手法的标题示例

（3）对偶

对偶指用字数相等、结构相同、意义对称的一组短语或句子来表达相近或相反意思的修辞手法。采用对偶的标题，词句对仗工整、结构对称、音韵和谐、便于记忆且富有表现力，能够鲜明地表现相关事物之间的关系。以下为使用了对偶修辞手法的标题示例。

某银行的文案标题——你未必出类拔萃，但肯定与众不同
某手机品牌的文案标题——虎虎生威，年年有为

（4）双关

双关是指使用多义词或同音（或音近）词，赋予语句双重意思。使用了双关的标题往往具有某种含义。例如，华为在其微信公众号中发布的文案《"表"达爱，就趁现在》，其标题既引出了文案的主体——WATCH GT3，又包涵了引导受众立即购买该表向恋人表达爱意的含义，一语双关，如图3-14所示。

图3-14　使用了双关修辞手法的标题示例

（5）拟人

拟人就是把事物人格化，赋予事物人的言行或思想感情，简单地说就是用描写人的词来描写事物。采用拟人修辞手法拟定标题，可以使描述对象更加生动活泼，增强标题的趣味性和表达效果。图3-15所示的标题——"抽屉常常'监守自盗'"就使用了拟人的修辞手法。

抽屉常常"监守自盗"

假设抽屉喜欢吃糖
可能抽屉里的糖早已经不见
幻想抽屉恋爱了
可能抽屉里的香水都已蔓延
也许抽屉只想看书
可能抽屉里的书都读了很多遍
如此看来
抽屉里放书还算比较安全

图3-15　使用了拟人修辞手法的标题示例

（6）夸张

夸张指为了增强表达效果，特意扩大或缩小描述主体的形象、特征、作用等的修辞手法。标题中的夸张手法常以挑战常识、制造冲突或使用夸张等的描述来表达惊讶情绪，渲染意料之外、新奇、独特的氛围，既能增加语言的生动性，又能突出事物的本质和特征，激发受众的好奇心。以下为使用了夸张修辞手法的标题示例。

某家电卖场的文案标题——上万市民"夜袭"××家电卖场
某床垫的文案标题——一生有1/3的时间都在床上度过，选个好床垫非常重要

**职业素养**

文案人员在写作时如要使用夸张的修辞手法，一定要阅读《广告法》的相关规定。该法规定了严禁使用的一些用语，如"国家级""第一""首个""最先进""独家"等，这些用语禁止用于产品标题、副标题、主图、详情页等。

2. 结合数字

数字具有简单、直接、精确、直观的特点，能将模糊的信息具体化，体现专业性和理性。一般情况下，数字往往代表某种数据或结论，特别是总结性的销量、折扣、时间、排名等数据。使用数字的文案更加精确，也更容易让人记住。图3-16所示为结合了数字的标题示例。

除此之外，数字的辨识度很高，受众要在繁杂的信息中找到自己需要的内容，往往会通过一些亮眼的数字来快速判断，如"售价3000元与售价30000元的洗碗机的区别"和"差洗碗机与好洗碗机的区别"两则标题，前者更能快速地吸引受众的视线并更容易被点击。

图3-16　结合了数字的标题示例

3. 使用符号

符号主要指"？""！""……""——"等标点符号，文案人员灵活使用符号可以增强标题的表现形式和感情色彩，使标题更有吸引力和说服力。例如，"？"主要表达疑问、设问或反问，可以给受众留下悬念；"！"能够表达强烈的感情，抒发如兴奋、喜悦、愤怒、震惊等情绪；"……"表示意犹未尽或列举的省略等，可以引起受众的兴趣；"——"表示注释，递进、转折或声音和情感的延续。图3-17所示为使用了符号的标题示例。

小朋友们经常把"这不公平"挂在嘴上，你知道该怎么处理吗？
@启发童书馆 02月22日 12:00

2000多元能买到什么样的显示器？ 你想要的功能这款显示器都有！
@微型计算机官方微博 02月22日 15:11

图3-17　使用了符号的标题示例

4. 添加网络流行语

网络流行语是指在一定的时间、范围内被网民在互联网上或者现实生活中广泛使用的词、词组等语言表达单位。网络流行语大多是通过社会热点话题或热门事件形成的，被网友广泛使用。网络流行语自带热度，如果将网络流行语运用到标题中，则可以增强标题的趣味性。图3-18所示为添加了网络流行语的标题示例。

这个"规则"调整放宽了，真香！
点击右上角，将这个消息分享到朋友圈
春秋航空 2022/1/17

果汁市场太"内卷"！
对"内卷严重"的果汁市场而言，
在这样的背景下……
火爆食品饮料招…… 2022/2/16

图3-18　添加了网络流行语的标题示例

5. 借助名人效应

在"粉丝经济"时代，很多受众都有自己喜欢或欣赏甚至引以为榜样的名人，如作家、企业家、学者等，这些名人往往有一定的粉丝、流量和话题度，因此文案人员可以借助名人效应来创作标题，如图3-19所示。

图3-19　借助名人效应创作的标题示例

　　虽然借助名人效应创作标题能增强标题的吸引力，但需要注意的是，不能毫无根据地借助名人效应。同时，文案的正文内容也应与标题中的名人有关。另外，借助名人效应时禁止夸大其形象，避免引发过度的偶像崇拜。

6．塑造场景

　　在标题中塑造受众容易产生共鸣的场景，能快速传达品牌的定位或产品的价值，并且能唤起受众内心的场景联想，打动受众。以下为在标题中塑造场景的示例。

> 某厨房电器产品文案标题——突发！闺蜜团临时造访！
> 某零食品牌文案标题——送朋友，欢聚的时刻少不了百草味

课堂讨论

　　近年来，有的品牌由于文案标题不当，引起了受众的愤怒和斥责，文案人员在拟定文案标题时还需要注意哪些事项？

3.3　设计文案的正文

　　拟定好文案标题后，文案人员就可以开始根据预先确定好的结构设计文案正文了。一般来说，一篇完整的新媒体文案分为开头、中间内容和结尾3个部分，这3个部分相辅相成，开头和中间内容可以引起受众的阅读兴趣，结尾则可以引导受众采取相应的行动。要写出一篇好文案，文案人员应该掌握这3个部分的具体写法。

3.3.1　设计文案的开头

　　文案开头即文案正文的第一句或第一段话。如果说文案标题是吸引受众跨进大门的"招牌"，那么一个好的文案开头就是一个精心布置的"玄关"。文案开头起着承上启下的作用，一方面与文案标题相呼应，另一方面引出文案正文的具体内容。如果文案开头索然无味，受众很可能会

直接关闭页面，放弃继续阅读。因此，掌握文案开头的写法对于文案人员来说是十分有必要的。

1. 直接开头

直接开头就是直接揭示文案的主题思想或直接点明要说明的对象。它要求快速切入文案中心，将文案需要表达的内容直接呈现给受众。例如，推广产品的文案，其开头可直接表明产品的核心卖点；推广活动的文案，其开头可直接描述活动的相关信息。另外，文案人员还可根据标题设计开头，如标题为疑问句，开头可阐释标题问题。直接开头应以标题为立足点进行直接说明，避免受众产生落差感和跳脱感。图3-20所示的文案开头就是典型的直接开头。

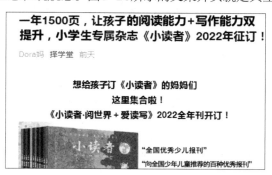

图3-20 直接开头

除此之外，以下开头也是直接开头。

亲爱的小伙伴们，"双十一"的活动截止时间为11月11日24:00，还没有下单的小伙伴抓紧时间了，只要"双十一"当天进店消费任意金额，就有机会赢取榨汁机一台。

这个周日就是母亲节了，很多人说，与其在朋友圈为妈妈送上祝福，还不如送妈妈一份实际的礼物。但你想好送妈妈什么礼物了吗？××体检中心建议你带妈妈来做一次全身体检，为妈妈的健康保驾护航。

2. 提问开头

疑问句容易引起受众的好奇，以提问开头可以自然而然地导入文案的主题，不仅能引起受众的思考，还能使文案主旨鲜明、中心突出。图3-21所示的文案开头就提出了疑问。该篇文案的目的是向受众推荐笔，其标题是"写一手好字，开一年好势"，文案开头提出疑问"你有多久没有手写了？"，唤起受众对手写的回忆，进而引出下文。

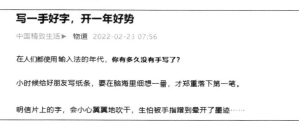

图3-21 提问开头

3. 悬念开头

悬念比较吸引人的眼球，文案人员可以在文案开头设置悬念，激发受众的好奇心，引导受众继续阅读文案内容。设置悬念的方法包括截取戏剧化场面进行描述、利用情感或八卦心理等，充分引起受众的好奇心和探知欲。以下开头就是悬念开头。

> 我昨天还不知道为什么他要放弃年薪20万元的工作，陪老婆在淘宝卖衣服，直到昨天晚上我与他的一次谈话……

4. 情景开头

情景开头就是在文案开头创造一个情景，通过对情景的细致描述，快速地引起受众的阅读兴趣。文案人员在叙述时可以以第一人称为叙述视角，也可以以第三人称为叙述视角，图3-22所示的文案开头就描绘了一个情景，该开头中，文案人员以第一人称为叙述视角，描绘了茶厂师傅炒茶的情景，以引出要推广的对象——头采蒙顶山茶。

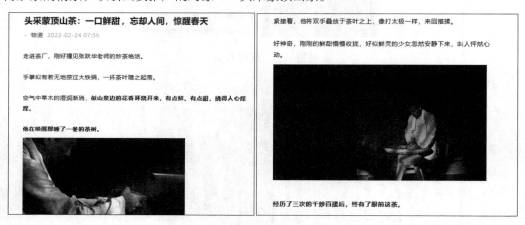

图3-22　情景开头

5. 名言开头

名言开头即在文案开头使用名人名言、谚语或诗词等句子来引领文案，凸显文案的主旨。名言一般具有言简意赅的特点，运用得当可以充分展示文案主题，增强文案的可读性和吸引力。图3-23所示的两则文案开头就引用了名言。需要注意的是，使用名言作为开头不能牵强附会，强拉关系，而是要顺势而言之。

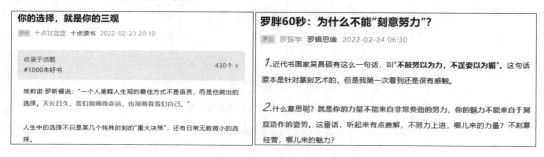

图3-23　名言开头

6. 内心独白开头

内心独白指通过人物的自思、自语等内心表白，揭示人物的内心世界。文案开头采用内心独白，剖析情感，容易给受众以情真意切、真诉肺腑的印象，可以引起受众的共鸣与信任。某美妆品牌发布《我，三十岁了》的视频式文案的开头从主角的内心感受出发，向受众传达了勇往向前、无惧前行、追求自我的理念，并引领受众跟随主角的情感前进，该开头如下。

> 从我小时候起　你们就告诉我什么都不要怕
> 妈妈，我怕
> 不要怕黑
> 不要怕摔倒
> 不要怕做自己
> 不要怕去追寻自己的梦想
> 现在我就要三十岁了，我做了个决定……

7. 热点开头

热点即近期讨论度很高的话题，如新闻事件、节日等，有些已经发生，有些即将到来。热点的讨论范围较广，因此将热点作为文案开头可以引发受众的阅读兴趣。图3-24所示的两则文案就以北京冬季奥运会这一热点作为开头。

图3-24　热点开头

8. 新闻报道式开头

以新闻报道的方式来撰写文案开头，可以增加文案的可信度，进一步增强营销效果。文案人员在撰写新闻报道式开头时，需要用新闻的写作手法对产品或品牌进行事实性描述，有的企业为了增加可信度，甚至会邀请知名媒体人来写作文案。由于新闻报道式的开头完全采用新闻体（新闻作品体裁总称，包括公报、通讯、消息、评论等体裁），所以比较正式。例如，海尔热水器的某一文案就以新闻报道式开头，告知受众海尔健康系列热水器通过"省科委组织的技术鉴定"这一信息，彰显其热水器的技术优势，文案开头的部分内容如下。

> 日前，海尔健康系列热水器顺利通过省科委组织的技术鉴定。鉴定会上，海尔健康热水器九大系列30个品种的新产品以其分体线控、出水断电、超强节能、零水压等先进技术，赢得了与会专家的一致好评。尤其是磁化除垢技术在热水器中的应用开创了健康洗浴的新纪元，赢得了与会专家的高度评价。经过严格的审查、评议，专家们确定海尔健康热水器三大系列8种产品达到国际先进水平，六大系列22种产品达到国际水平……

文案人员在撰写新闻报道式开头时应当注意两点：一是内容真实，文案中出现的人名、地名、时间、数据和引语等应当真实有效，不能出现虚假的信息；二是突出新闻价值（新闻价值通常具有真实性、时效性、重要性、接近性、显著性、趣味性等要素）的内容，有新闻价值的内容才叫新闻。

9. 利益开头

以利益开头的文案对受众有较强的吸引力，即便受众目前没有购买的需求，但在优惠信息、赠品等的驱使下，不少受众也会选择继续查看相关信息。图3-25所示的文案开头就是直接用"免费请吃大餐"的优惠方式来引起受众的兴趣，让受众愿意继续阅读后文。

> **今天，第 4 弹**
>
> **免费请你吃大餐又又又来啦！**

图3-25 利益开头

10. 修辞手法开头

在文案开头运用修辞手法可以让文案开头变得更加生动。某运动品牌为某篮球运动员复出而撰写的文案的开头运用了排比的修辞手法，不仅使这位篮球运动员为荣誉而战的形象跃然纸上，也契合了该运动品牌坚持、拼搏的品牌理念。

> 他不必再博一枚总冠军戒指
> 他不必在打破30000分记录后还拼上一切
> 他不必连续9场比赛独揽40多分

3.3.2 设计文案的中间内容

文案的中间内容是整篇新媒体文案中篇幅较长的部分，为了让正文开头和中间内容衔接得更自然，以及让受众有继续阅读下去的欲望，文案人员可以在写作中间内容时参考以下技巧。

1. 契合受众的需求

文案的中间内容不能华而不实，应该契合受众需求，体现实用性。例如，当前网络消费的主体受众是"80后""90后""00后"，这类受众追求个性化、差异化、便捷的生活方式，文案的中间内容应契合这些需求。图3-26所示的产品文案就从当前家长辅导孩子学习、掌握孩子学习情况的需求出发，强调了使用产品的舒适体验。

第一，拥有应对多场景的能力。 相较于多数智能教育硬件单一端口使用的局限性，大力智能作业灯通过智能创新，集成更多的功能，以满足信息化时代家长、学生日益增多的教育、学习需求。

第二，满足家长掌握孩子学习情况的需求。 学生使用大力智能作业灯及大力智能教育系统时，可与家长手机端的"大力爱辅导App"进行双端联动，从作业布置到检查、学情分析到推荐，让家长科学参与辅导。

第三，成为孩子学习路上的"朋友"。 "伙伴"的价值在于陪伴，而"朋友"的价值则在于，它还带有一定的促进作用，可以帮助使用者培养出一定的习惯，成为"良师益友"。如大力教育出品的大力智能作业灯，专为孩子设计，是一款帮助孩子提升学习效率、培养自主学习习惯的智能护眼作业灯。

站在家长的角度，孩子的学习固然重要，但其健康更加重要，处处为使用者健康考虑的产品往往更具吸引力。在学习灯具领域，大力智能作业灯所拥有的健康特性是突出的，能打动家长似乎也是理所当然的。

大力智能作业灯的另一大卖点是远程辅导作业，具体是指借助高清摄像头、视频传感器等硬件设备和对应的软件服务（家长端App）、算法辅助等，让家长更加科学有效地进行作业辅导。其主要特色为双摄视频通话、远程布置作业、远程检查作业和作业进度同步。基于这四大功能，家长可以远程了解孩子的学习动态，从而有针对性地调整孩子的学习计划。

而站在孩子的角度，大力智能作业灯最大的优势，莫过于可靠的辅导能力和能营造的良好学习氛围，让学习变得更简单和更轻松。 尤其是对注意力易分散的小学生来说，如何激发起他们的学习兴趣尤为重要。针对这一痛点，大力智能作业灯推出了"学习小队"等能够引导学生主动学习的功能，利用同伴激励、促学机制等手段鼓励孩子主动学习，甚至爱上学习。

图3-26　契合受众需求的文案

专家指导

要写出契合受众需求的文案，首先需要准确洞察受众的需求。文案人员可以采用邀请受众填写调查问卷、查看受众评论等方式了解受众的真正需求。

2. 直奔主题

一般而言，简单明了、直奔主题更符合受众的阅读习惯，也更便于受众获取信息。图3-27所示为直奔主题的文案，该文案直接展示了该品牌汽车的外观、性能、价格等，可以让想要购买的受众快速了解这款汽车，从而做出消费决策。

3. 让利受众

有些文案会在内容中直接注明促销内容，展示受众可以从中获得的优惠，这可以刺激受众在较短时间内消费。图3-28所示为让利受众的文案。

图3-27　直奔主题的文案

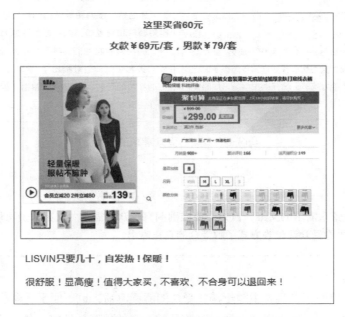

图3-28　让利受众的文案

4．输出价值性内容

有些受众在阅读文案时比较注重内容的价值性，因此，文案人员可以在文案中输出有价值的内容。图3-29所示为输出价值性内容的文案，该文案在推荐产品的同时讲述了比较适用的穿搭方法，有利于增加受众对穿搭博主的信任度，提高其购买所推产品的概率。

我的红裙子搭配灵感就是和它们学的。

小小的红色可以让整身都更灵动。

接下来是几组"安全牌"，也就是基本不需要搭配，可以直接和红色进行接触的。

蓝BLUE·红RED

首先是我最常用的红＋蓝。

这一组绝对不出错！

我最推荐的是这组颜色和牛仔单品的组合。

给大家看一下随意组合的几身。

深牛仔搭配红色有种复古感，浅牛仔搭配红色有种恰到好处的活泼。

这也是我自己最经常使用的一招

图3-29　输出价值性内容的文案

5. 展现幽默

幽默的文案很容易吸引受众的注意力并实现转化。文案人员可以借助夸张手法、谐音字、调侃语句、网络用语等方式展现幽默，图3-30所示的文案就是使用调侃的语句和有趣的图片来吸引受众，激发受众的阅读兴趣，吸引受众了解其推广对象——建筑日历。

大家可能没听说过这个名字，但他却贡献了设计史上有名的金句：

Less is More
（少即是多）

"这句话是我说的，不是鲁迅"

顺带一提，其实许多建筑师也是家居设计师，很多常见的家居用品都是出自建筑师之手，比如：

郁金香桌、椅

埃罗·沙里宁

拱形落地灯

卡斯蒂格利奥尼兄弟

而我今天要介绍的是一位建筑师跨界设计的日历：

有方建筑日历2022

精选365座中国建筑，每日与中国建筑之美为伴

既是桌面建筑图录，又是桌面建筑词典

国际级建筑操刀设计支架，可循环使用、来年无须重复购买

图3-30　展现幽默的文案

 **职业素养**

有些文案人员为了吸引受众眼球，在文案中过度调侃名人、伟人等，把低俗当有趣，忽视了受众的观感。这种行为与社会主义核心价值观背道而驰，不仅不利于营销宣传，还有损自身形象和声誉。

3.3.3 设计文案的结尾

让受众读完一篇文案并不是文案人员撰写新媒体文案的最终目标，其真正的目标是受众在读完这篇文案后产生文案人员所期待的行为，包括转发朋友圈、收藏或前往网店下单等。对新媒体文案的结尾进行设计，可以实现更高的转化率和更好的营销效果。

1. "神转折"结尾

"神转折"结尾就是用出其不意的方式，在文案末尾设计一个与前文形成奇怪逻辑关系的结尾的写作方式。这种结尾往往会让人觉得无厘头、出人意料或哭笑不得，但又与前文有一定的逻辑关系，让受众不得不惊叹文案的构思之巧妙。这种结尾常有奇效，能让受众对文案留下深刻印象。

例如，vivo曾写出过这样一篇文案：女孩在大学暗恋了一个男孩4年，她搜集关于这个男孩的一切信息，写过无数次情书，却没有勇气交到他的手上。毕业后，两人去了不同的城市，再次见面却是在女孩的婚礼上。女孩在婚礼上收到了男孩亲手送的礼物，礼物盒里还有一张写着"我把青春耗在暗恋里，多想和你在一起"的纸条，正当受众沉浸在剧情中时，文案的结尾猝不及防地出现了手机广告，如下所示为该文案的结尾。

> 原来，他是故意安排出差来这里看她，却没想到遇到了她的婚礼。
>
> 她从婚礼上追着跑了出去，茫茫人海，她突然在地上看到了他遗落的手机。
>
> 这个手机型号是vivo X5Pro，双面2.5D弧面玻璃，第一感觉就是无限放大的"美"。当X5Pro静静地躺在大理石上的时候，你能感受到它的静谧。而当阳光从其表面流过的时候，你能感受到它非常特别的魅力……

2. 金句结尾

金句结尾可分为名言类金句结尾和原创金句结尾，可以帮助受众深刻地领悟文案的主题，引起受众共鸣，提升受众对文案的认同感。例如，某推广PPT网课的文案结尾部分鼓励受众购买课程，做好PPT，成为一个优秀的PPT设计者时，就用上了某著名投资家的金句："做你没做过的事情叫成长，做你不愿意做的事情叫改变。"此金句对文案起到了画龙点睛的作用，如下所示。

> 从一个"PPT制作者"成为一个"PPT设计者"，难吗？不轻松。但正在学习阶段的你，连个PPT都征服不了，谈什么征服世界？
>
> 做你没做过的事情叫成长，做你不愿意做的事情叫改变，做你不敢做的事情叫突破。

3. 引导行动式结尾

引导行动式结尾即在结尾引导受众产生行为，如转发、点赞、收藏、留言、点击跳转链接了解产品详情、关注、购买等。文案人员可以借助情感、利益等加强引导的效果，如"现在下单，再赠送好礼！"等。图3-31所示为引导行动式结尾。

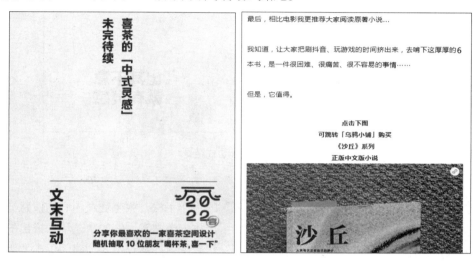

图3-31　引导行动式结尾

4. 自然结尾

自然结尾指根据文案的描述自然而然地结束，即文末不去设计含义深刻的哲理语句，不刻意引导或号召受众行动，而是在内容表达完毕之后，写出想要对受众说的话，自然而然地结束全文。这种结尾能让受众感受到文案所要表达的意图，并自己做出判断，如图3-32所示。

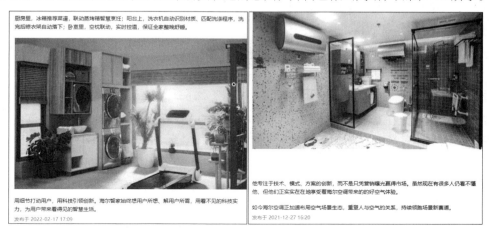

图3-32　自然结尾

5. 互动式结尾

互动式结尾即在结尾设置话题，吸引受众参与，一般采用提问的方式引发受众思考并参与，图3-33所示的两则结尾就是互动式结尾。

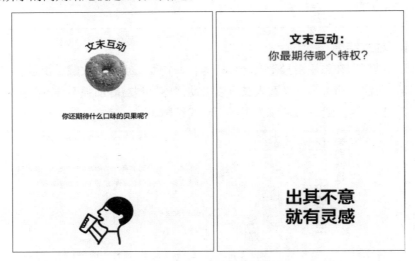

图3-33　互动式结尾

6. 抒情议论式结尾

抒情议论式结尾即文案人员通过"以情动人"的写作手法，激起受众内心的情感波澜，并引起其共鸣。这种结尾有强烈的艺术感染力，多用于故事类文案。例如，芝华士推出的一篇宣传文案，其正文描述了主人公与父亲的点点滴滴，然后采用抒情议论式结尾，提出"因为假如你不值得拥有Chivas Regal这样的礼物，还有谁值得？"以激起受众为父亲购买礼物的情感，该结尾的部分内容如下。

因为我们的房子里总是充满书和笑声。

因为你牺牲了无数个星期六的早晨来看一个小男孩玩橄榄球。

……

因为今天是父亲节。

因为假如你不值得拥有Chivas Regal这样的礼物，还有谁值得？

7. 点题式结尾

点题式结尾就是在文末总结全文，点明中心。有的文案在开头和中间只对有关问题进行阐述和分析，结尾才将意图摆到明面上来。

例如，在《电冰箱再袭击》这篇电冰箱宣传文案中，文案人员用"你应该感谢冰箱，你的冰箱在夜里静静地填补了你白天的空虚和不满"的结尾让产品变得有温度，升华了文案主题。又如，味千拉面推出的一个视频文案就讲述了味千拉面馆的店长与女儿之间的动人故事，其在文案结尾引出"这一碗，让心里好满"的主题，把味千拉面"幸福味道"的品牌理念生动地展现在受众面前，同时传达了"好吃的拉面一定会让人觉得幸福"的观念，成功吸引了众多受众的注意，使味千拉面的品牌理念被受众所熟知和认同。

8. 首尾呼应式结尾

首尾呼应是指文案的结尾和开头相互呼应，使得文案的结构条理清晰。首尾呼应的具体写法是在开头和结尾对同一事物（情感或态度）进行交代，即开头提出观点，中间内容对该观点进行分析，结尾回归开头表达的主题，从而使文案浑然一体。

小度智能音箱的视频式文案就采用了这样的写法，开头直接提出了青春接头暗号这个概念，其具体内容如下，图3-34所示为小度智能音箱宣传视频开头片段。

有时候，希望世界能听懂我的表达，

有时候，又不希望人懂。

于是，我们创造了青春接头暗号。

图3-34　小度智能音箱宣传视频开头片段

接着文案具体介绍了青春接头暗号是指当下年轻人在日常生活中经常使用的一些流行网络语。最后，文案结尾又提到了青春接头暗号，表明这些暗号是年轻人个性的体现，与产品年轻化、时尚化的定位相契合，结尾的具体内容如下，图3-35所示为小度智能音箱宣传视频结尾片段。

与其口舌相争，不如圈地自萌。

这是我们的青春接头暗号，

是我们和世界相处的符号。

图3-35　小度智能音箱宣传视频结尾片段

本章实训

1. 为沃柑推广文案拟定标题

受众在浏览新媒体文案时，通常会通过标题判断文案的可读性。本次实训将为沃柑的推广文案拟定一个具有吸引力的标题，以帮助读者巩固拟定新媒体文案标题的相关知识。

【实训背景】

近年来，云南省玉溪市某地通过沃柑种植，进一步调整了产业结构，铺就了致富新道路。目前，当地沃柑种植面积达到400多亩，产量达到300余吨，产值近250万元。王依依就是云南省玉溪市的农户，一直在自产自销沃柑。随着新媒体的火热，王依依准备在各大新媒体平台宣传推广自家的沃柑。王依依家的沃柑具有以下特点。

- 种植于云南省玉溪市哀牢山，生长期长达14个月，种植地拥有2500多小时光照和1200多毫米雨水的优越条件，海拔为1200~2600米，昼夜温差在10℃左右，因此，沃柑的品质较高。
- 属于晚熟的一种杂交柑橘品种，果实中等大小、呈扁圆形。相比普通的柑橘，它的果皮薄、汁水浓、囊壁薄，果粒饱满、颗颗分明，售价为2.98元/斤。
- 含有丰富的维生素C、柠檬酸、葡萄糖、果糖等多种营养成分，同时含有丰富的膳食纤维和果胶，可以促进肠胃蠕动。
- 坚持原生态种植，没有使用化学药剂。
- 食用方法多样，包括直接食用、榨汁、煮粥、做蛋糕、做奶冻、做果酱等。

为了提升推广文案的点击率，王依依决定先为推广文案拟定一个有吸引力的标题。

【实训要求】

本实训的具体要求如下。

① 掌握不同类型标题的写作技巧。

② 熟练运用标题的写作技巧来写作具备吸引力的标题。

【实施过程】

根据实训要求，本实训的实施过程分为以下两个部分。

（1）设计不同类型的标题

为了拟定出可以刺激受众点击的文案标题，王依依准备先拟定多个不同类型的标题，然后挑选出最合适的一个，具体操作如下。

步骤 01 ▶拟定直言式标题。王依依从沃柑的特点入手拟定了多个直言式标题，示例如下。

> 一口沃柑一口蜜，人人都说甜到心头
>
> 果粒饱满、营养丰富，能满足你多种需求的水果
>
> 一口爆汁、甜上心头的云南沃柑，柑橘届的"黑马"

步骤 02 ▶拟定提问式标题。提问式标题的重点在于问题能否吸引受众的注意，王依依从受众

关心的利益点出发拟定标题，示例如下。

你吃过好剥皮又香甜爆汁的沃柑吗？
这么鲜甜的沃柑，很贵吧？
沃柑是橘还是橙？应当如何保存？这些有关沃柑的知识你知道吗？

步骤 03 ▶ 拟定新闻式标题。新闻式标题可重点突出时间的紧迫，示例如下。

倒计时 距离沃柑上市还有0天！
仅此一天，新鲜上市的云南沃柑优惠售卖！
沃柑少量上市，限时24小时，果农很着急！

步骤 04 ▶ 拟定悬念式标题。悬念式标题可以激发受众的好奇心，吸引受众阅读文案详情，示例如下。

天啦，比橙子清甜、比橘肉细腻，××奶茶品牌竟然也用它
果粒饱满，皮薄汁水浓，营养成分丰富！它究竟是什么？
沃柑哪家甜？看这里，你想知道的答案在这里

（2）应用标题写作技巧拟定标题

在北京冬季奥运会上，我国组成了参赛规模较大的体育代表团，并取得了冬季奥运会参赛史上的最好成绩。与北京冬季奥运会、冰墩墩相关的话题迅速成为热点话题，于是，王依依在标题中将自家沃柑与该热点进行结合，另外，还在标题中添加了数字、符号等，示例如下。

看北京冬季奥运会怎能不吃好剥皮又香甜爆汁的沃柑？
一"墩"难求？云南沃柑数量多多，快来抢！
用沃柑做冰墩墩？终于"实现冰墩墩自由"了！
和沃柑一起看冬奥！一斤只要2.98元！

最终，王依依在众多类型的标题中，选择了悬念式标题"果粒饱满，皮薄汁水浓，营养成分丰富！它究竟是什么？"

2. 为沃柑推广文案写作正文

优秀的标题，当然需要优秀的正文来匹配，以促进受众阅读，并实现转化。本次实训将继续为沃柑写作一篇可以促进销售转化的正文，以帮助读者巩固撰写新媒体文案正文的相关知识。

【实训背景】

拟定好标题后，王依依开始撰写该推广文案的正文。为了增强正文的说服力和吸引力，王

依依还将日常拍摄的沃柑图片（配套资源：\素材\第3章\沃柑\）进行了整理，以便在正文中添加。

【实训要求】

本实训的具体要求如下。

① 构思正文写作结构。

② 为沃柑推广文案撰写正文开头。

③ 根据正文写作结构撰写正文中间内容。

④ 撰写正文结尾。

【实施过程】

正文是整个文案的主体，决定了受众是否能够接受新媒体文案。王依依决定按照确定结构→撰写正文开头→撰写正文中间内容→撰写正文结尾的顺序来写作该推广文案的正文。

（1）确定结构

合理的结构不仅能让文案显得脉络清晰，还能让写作更为流畅。为了更好地促进转化，王依依决定撰写并列式结构的正文，从沃柑的特点和卖点入手，将正文分为5个部分，分别是生长环境、口感、营养成分、种植方法、食用方法等。

（2）撰写正文开头

考虑到标题设置了悬念，王依依决定在开头直接揭示悬念的答案，直截了当地在开头点明正文要介绍的对象——沃柑，并以沃柑的图片作为辅助说明，引起受众的阅读兴趣，详细内容如下所示。

> 小伙伴们都猜出来了吗？我要揭晓答案咯！它就是沃柑！沃柑属于宽皮柑橘类型，是一种杂交柑橘品种，因其"晚熟"、甜度高、果型漂亮而得名。近年来，云南沃柑成了受众热捧的"新宠儿"，这是因为其他橘橙都是酸中带甜，而云南沃柑是甜、甜、甜！今天文中的这款沃柑来自彩云之南——云南，不仅果粒饱满，皮薄汁水浓，营养成分还非常丰富！

（3）撰写正文中间内容

写好开头后，王依依根据确定好的写作结构撰写正文中间内容。在撰写正文中间内容时，王依依按照并列式结构罗列了该沃柑的特点。以下为王依依撰写的正文中间内容。

1. 地理位置优越，气候条件独特

沃柑是喜温作物，在一定温度范围内，温度越高越利于生长，果实质量越好。这款沃柑来自云南省玉溪市，相比其他地方的沃柑，这里的沃柑远离污染，且生长期长，经过14个月的酝酿，沐浴了2500小时的光照，吮吸过1200多毫米的雨水。种植地的海拔为1200～2600米，较高的山体差导致气候垂直分布，使得当地昼夜温差在10℃左右，形成沃柑甜蜜的口感。

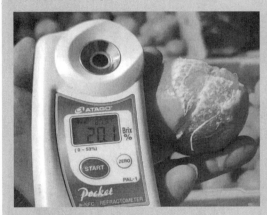 

2. 鲜嫩香甜，口口爆汁

独特的地理位置和气候条件孕育出的沃柑不仅肉质细嫩，还清爽爆汁。随手剥开一颗沃柑，清新香甜的气味在空气中弥漫开来。拿起一瓣剥好的沃柑轻咬一口，在牙齿触碰到果肉的顷刻，便能感受到一颗颗果粒如同小炸弹般爆炸开来。待细细回味，脑海里只剩下一咬爆汁的爽快感，仿佛身体的所有细胞都被唤醒，令人心旷神怡。

3. 营养成分丰富，满足身体的营养需求

相比普通橙子、柑橘的难剥，这款沃柑不仅好剥，而且营养价值很高。清甜的果肉

中含有丰富的维生素C、柠檬酸、葡萄糖、果糖等多种营养成分，同时含有丰富的膳食纤维和果胶，可以促进肠胃蠕动。

4. 传统种植方式，绿色安全

在种植时，这款沃柑我们均采用传统农业种植方式，坚持生态种植，不打除草剂，不用催熟剂，不打蜡；用有机肥料代替化肥，平均每棵树用20千克有机肥，保证了每棵沃柑树的营养。一眼望去，几千亩的沃柑树郁郁葱葱，树上的沃柑如同满天繁星。

5. 多种食用方式，选择多多

除了直接食用外，还可以将剥开的新鲜沃柑放进榨汁机，不一会儿，一份新鲜的果汁就做好了，汁水充盈、细腻无渣、香甜爽口，喝完以后，整个人元气满满！冬季天气寒冷，可以在煮粥的时候放几片沃柑，不仅清爽、好闻，还能解腻、增进食欲！除此之外，还可以用它来做果酱、奶冻和蛋糕，爽口又香甜。

（4）撰写正文结尾

一个精心设计的结尾可以提高文案的转发率，甚至是转化率。为了促进沃柑的销售，王依依决定采用引导行动式的结尾，具体内容如下。

只要您购买这款沃柑，我们保证会采用独立网套+纸箱的包装方式发货，让您品尝到新鲜完好的沃柑。目前，这款口感好、营养价值高的沃柑仅售5元/千克，现在下单还可以享受低价优惠，抢完就无！赶快点击下方的小程序购买吧！

拓展延伸

对于新媒体文案来说，文案的结构、标题、正文等都一样重要，而其中的写作技巧都需要文案人员去学习掌握。下面将对标题和正文的写作进行拓展讲解，以帮助文案人员能更快、更好地写出优秀的新媒体文案。

1. 如何在新媒体文案中设置悬念？

在新媒体文案写作中，设置悬念需要文案人员去努力营造氛围，文案人员一般可参考以下3种方法来设置悬念。

- **设疑**。疑问随着文案的展开而逐层解释。
- **倒叙**。将受众最感兴趣、最想关注的东西先说出来，接下来再叙述前因。
- **隔断**。在一件事情已经引起了受众的兴趣并进展到一定阶段时突然中断，改叙另一件事情，人为进行隔断，制造悬念。

在设置悬念时要注意以下几点。

- 不要过早揭开谜底，应该随着故事情节的深入而层层展开。
- 重视受众的感受，从受众的角度安排情节。
- 悬念应该设置得精彩，最好有一些激烈的冲突。
- 答案要符合常识，不能前言不搭后语，漏洞百出。

2. 标题的拟定有哪些误区？

在实际生活中，一些文案人员在拟定标题时过于追求吸引力，存在夸大其词、标题过长、用词不当等误区。

（1）夸大其词

为了吸引受众、提高文案的点击率，一些人员会在标题中过分夸大事实，这虽然能短暂吸引受众，但长此以往会丧失受众的信任，影响企业或品牌在受众心中的形象。以下为夸大其词的标题示例。

价值百万的销售秘籍
刚入行做营销，用了这个方法老板直接给我涨薪10倍！

（2）标题过长

为了彰显信息量，有的文案标题很长，这是不可取的。除个别宣布重大事项的文案外，一般不建议设置过长的标题，以免消磨掉受众的耐心。为避免标题过长，文案人员可在保留核心信息的基础上，删减字数、调换句式或者用短词语替换长词语等。以下为过长的标题示例。

> 2022年新品，颗颗分明、个大清香、吃一口甜到心尖儿，还不赶紧购买！此时不买更待何时？

（3）用词不当

有时候，部分文案人员为了引起受众的注意，会在标题中添加一些敏感词。需要注意的是，不仅《广告法》不允许，新媒体平台的审查过滤功能也会将其过滤掉，标题中一旦含有某些违禁词、敏感词，新媒体平台就会将整个标题过滤掉，受众就无法搜索到相应的文案。另外，标题中还要避免出现受众忌讳或讨厌的词，这些词不仅会惹来争议，还会使受众对企业或品牌失去好感。以下为用词不当的标题示例。

> 全球首发！绝无仅有的保温杯，你值得拥有
>
> 万人疯抢，极佳体验，众多奖品等你来拿

3. 标题的拟定有哪些注意事项?

拟定标题时，文案人员还需要注意以下事项。

① 标题是文案的精华所在，应起到吸引受众的作用。

② 受众通常会筛选掉那些与自己不相关或同质化的标题。

③ 标题中应避免出现错别字。

④ 标题中如果有数字，应用阿拉伯数字，如"一"要换成"1"。

⑤ 标题中不要重复出现同一个字、词。

⑥ 标题中不能污辱其他品牌或个人，不能出现具有伤害性的词语。

⑦ 借热点拟定标题时应该注意热点的时效性。

📖 课后练习 ●●●●●

剪纸是用剪刀将纸剪成花卉、鸟兽、人物或其他图案，也包括用刀刻镂的刻纸。剪纸是我国古老的民间艺术之一，作为一种镂空艺术，给人一种视觉上透空的感觉。在北京冬季奥运会和残奥会期间，许多剪纸艺人创作了与北京冬季奥运会和残奥会相关的剪纸作品，将剪纸艺术与浓浓的爱国之情相融合，献上了一份独特的祝福。

"扬凡"是某退休教师开设的一家剪纸艺术工作室，主要业务是教授儿童及剪纸爱好者学习剪纸技艺。为了传承剪纸技艺，该工作室决定大力招生，让更多的人参与到剪纸活动当中。目前，该工作室准备在各大新媒体平台发布招生文案，请按照以下步骤为其撰写一篇完整的新媒体文案。

① "扬凡"的招生文案适合采用哪种结构？请将具体的结构写在下方，并说明写作思路。

结构：_____

_____

写作思路：_____

_____

② 请拟定不同类型的标题，并将其填写在表3-1中。

表3-1　拟定不同类型的标题

标题类型	详情

③ 请为文案撰写一个有较强吸引力的开头。

_____

_____

④ 请结合标题和结构，撰写该文案的正文中间内容。

_____

_____

_____

_____

_____

_____

_____

_____

_____

_____

_____

_____

⑤ 请试着为该文案撰写一个引导行动式结尾，促使受众报名。

_____

_____

第4章

软文写作

在互联网和新媒体快速发展的时代，软文凭借润物无声、感染力强的特点受到企业或品牌的喜爱。无论是在电视、报纸上，还是在微信、微博中，我们都可以见到软文的身影，且无论受众愿意与否，其总会受到软文的影响。掌握软文的写作方法是新媒体文案人员必备的职业技能。

学习目标

- 了解软文的概念、类型及在营销中的作用。
- 熟悉软文的特点，掌握软文的写作要求。
- 掌握软文立意的出发点和写作要点。

素养目标

- 培养职业素养、树立社会责任感，充分挖掘产品所蕴含的社会价值，传播正能量。
- 明是非、懂善恶，输出对受众有价值的软文内容。

案例导入

提及软文营销，不得不提到脑白金的软文营销。史玉柱是脑白金的创始人，当时的史玉柱还是巨人集团的董事长，他因资金链断裂负债4亿元。就在众人以为史玉柱已经到了穷途末路的时候，他对脑白金的概念进行重新包装，凭借推广脑白金的一系列新闻软文重新崛起。这些表面上看似是科普性的新闻类文章抓住了受众渴望健康的心理，并利用权威数据对脑白金重新定义，很好地达到了推广品牌及产品的目的。

目前，很多企业或品牌都会采用软文营销的营销方式。例如，某护肤品品牌就利用一篇名为《女人照镜子时的内心活动一览（26岁版）》的软文对其产品进行营销。该软文在最开始以第一人称的视角讲述了一位即将26岁的女性的心理活动，然后趣味性地描述了众多女性在洗完澡后照镜子时的各种行为，如面对镜子做出"想象自己正在拍时装大片"时的表情，接着过渡到女性通过镜子观察自己，如"这条法令纹，昨天有吗？至少昨天没这么深呀""这个痘痘是不是好些了？唉！昨天不应该吃火锅又熬夜追剧"，最后顺势引出软文的推广对象——红山茶花精华，并提出"发现和拥抱未来之美""护肤是为了满足自己"的理念。图4-1所示为《女人照镜子时的内心活动一览（26岁版）》软文片段。

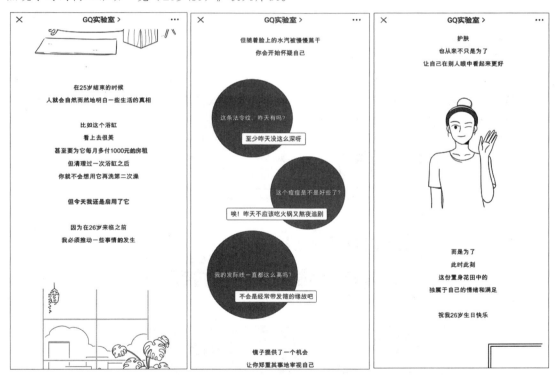

图4-1 《女人照镜子时的内心活动一览（26岁版）》软文片段

这篇软文通过描述一位即将26岁的女性照镜子时的日常，自然而然地引出推广的红山茶花精华，达到了一种"润物细无声"的效果。

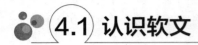

① 通过脑白金和红山茶花精华的案例，我们可以看出软文具有哪些作用？

② 通过红山茶花精华的软文，我们可以看出软文与产品详情页文案和推广海报等有什么区别？

4.1 认识软文

目前，软文是一种非常重要的文案类型，可以促进产品销售或品牌推广，深受企业或品牌的喜爱。软文以语言文字作为外衣，推广产品或品牌，让受众在获取自己想要的信息的同时，了解文案人员想要宣传的内容。

4.1.1 软文的概念与类型

软文的精妙之处在于"软"，追求的是一种春风化雨、润物无声的传播效果。软文可以将营销目的与文字意境有效融合，让受众在不经意之间接收营销内容，从而达到营销目的。如果说硬广就像打拳，简单粗暴，那么软文就像打太极，讲究藏而不露、以柔克刚。

1. 软文的概念

软文是指由企业或品牌的市场策划人员或广告公司的文案人员负责撰写的"文字广告"。具体来说，软文的定义可以分为以下两种。

- **狭义的软文**。狭义的软文是指企业或品牌付费在报纸、杂志等宣传载体上刊登的纯文字性广告，也就是所谓的付费文字广告，如图4-2所示。

图4-2 狭义的软文

- **广义的软文**。广义的软文是指企业或品牌通过策划在报纸、电子杂志或网站等宣传载体上刊登的，可以提升企业或品牌的形象和知名度的或促进产品销售的宣传性、阐释性文章，包括特定的新闻报道、案例分析、深度文章、付费文字广告等，图4-3所示为广义的软文。

熊猫钢琴等在线陪练品牌，获琴童家长追捧

信息来源：本站原创

目前中国学习钢琴的儿童已超过3000万人,且每年在以10%的速度增加。不过,大多数琴童家长只要一提到陪孩子练琴就大吐苦水。网友李女士表示,孩子学琴4年,不仅要陪同上课,更要在家陪着练琴。孩子练琴容易走神,需要自己像监工一样在一旁督促。 因为练琴的事,母女间经常发生摩擦,亲子关系紧张,李女士为此心力交瘁。

家长需放手 陪练需科学、专业

就儿童的钢琴学习来说,此前有教育学家表示,家长充当钢琴陪练的角色,将给孩子的钢琴学习"拖后腿"。家长陪练 会让孩子产生惰性,更容易影响孩子的注意力,如果处理不好关系,就容易出现类似李女士家的情况。

图4-3　广义的软文

2. 软文的类型

作为一种有力的营销武器，软文可以分为以下3种类型。

（1）推广类软文

推广类软文一般会在软文中介绍产品或品牌，或者加入推广链接。这类软文一旦被大量转载，推广效果将非常明显。图4-4所示为某穿搭博主撰写的一篇穿搭分享软文，软文中直接附有推广服饰的店铺名称，引导受众购买服饰，这就是一种典型的推广类软文。

图4-4　某穿搭博主撰写的一篇穿搭分享软文

推广类软文通常有比较固定的形式，主要有以下几种。

- 直接在软文中推荐网站或分享网页链接。
- 直接在软文中推荐产品及网店的网址。
- 以电子邮件的形式投放的销售信函或海报。
- 在平面媒体上直接介绍产品或品牌的相关知识。
- 网页信函，一个域名只有一个网页，且该网页中只有产品或品牌的介绍。

（2）公众类软文

公众类软文是指企业或品牌处理内外公共关系，以及向公众传递各类信息的软文，通常出现在企业或品牌的内部刊物、官方网站及新媒体平台上开设的官方账号上等。这类软文的目的通常表现为处理企业或品牌与员工之间、企业或品牌与受众之间、企业或品牌与公众之间的关系。当企业或品牌有重要行动或发生重要事件时，可以通过发布公众类软文来协调关系，从而保证企业或品牌的正常运行，保护企业或品牌的相关利益。

公众类软文通常可以分为公关软文和新闻软文两种类型。

- **公关软文。**公关软文的作用在于为企业或品牌塑造良好的组织形象，培养良好的公众关系。例如，海底捞的公关软文就比较出名。海底捞曾被报道某连锁店存在卫生问题。事发后，海底捞官方马上发布了《关于海底捞火锅北京劲松店、北京太阳宫店事件的致歉信》的公关软文，文中，海底捞态度端正，表示将积极整改；紧接着，海底捞又发布了《关于海底捞火锅北京劲松店、北京太阳宫店事件处理通报》，对此次事件的处理做了通报说明；两天后，海底捞发布了《关于积极落实整改，主动接受社会监督的声明》，文中，海底捞以诚恳、认真的态度，就此事对公众进行了回应。通过及时发布公关软文，海底捞较好地处理了其与公众之间的关系，获得了不少受众的原谅及赞赏。图4-5所示为海底捞公关软文的部分截图。

> **关于积极落实整改，主动接受社会监督的声明**
>
> 8月26日，北京市食品药品监督管理局再次约谈我公司华北地区负责人，通报了对我公司北京各门店监督检查的情况和发现的问题。我公司董事会非常重视，对约谈的内容我们全部接受，同时对媒体和社会公众对我公司门店指出的问题和建议，我们一并虚心接受并全部纳入整改范围。
>
> 一、我公司将全面加强员工培训，并以此为案例，对管理体系进行全面梳理，完善各项工作制度，自上而下责任到人，本着对消费者和社会公众负责的态度，

图4-5　海底捞公关软文的部分截图

- **新闻软文。**新闻软文通常指报道企业或品牌新闻事件的文案，图4-6所示为某企业官方网站的新闻软文，企业或品牌可以通过这类软文向公众传递信息。

（3）品牌力软文

品牌力软文是指用于建设并宣传品牌的软文，可以由内部文案人员撰写，也可以由专业的新媒体运营公司的文案人员撰写，其主要目的是提高品牌知名度、美誉度和受众的忠诚度，塑造品牌形象，积累品牌资产。洽洽的品牌力软文就从原料基地、种植方式、生产过程等方面充分展示了其品牌价值，图4-7所示为洽洽品牌力软文的部分内容。

第一批"好品山东"品牌名单公布，海尔集团位列行业第一

2022年3月2日，山东省人民政府新闻办公室举行"好品山东"新闻发布会，山东省质量强省及品牌战略推进工作领导小组办公室公布第一批"好品山东"品牌名单，海尔集团位列行业第一！

2022
03.02

海尔荣获十大"国品之光"品牌称号

2022年2月21日，中央广播电视总台举行"中国品牌强国盛典"。现场发布了十大"国之重器"品牌，十大"国品之光"品牌，以及"年度特别贡献品牌"，海尔荣获"国品之光"品牌称号。在盛典现场，海尔集团董事局主席、首席执行官周云杰表示，这一荣誉的背后体现着从制造大国到品牌强国的中国智慧和中国力量。

2022
02.21

图4-6　某企业官方网站的新闻软文

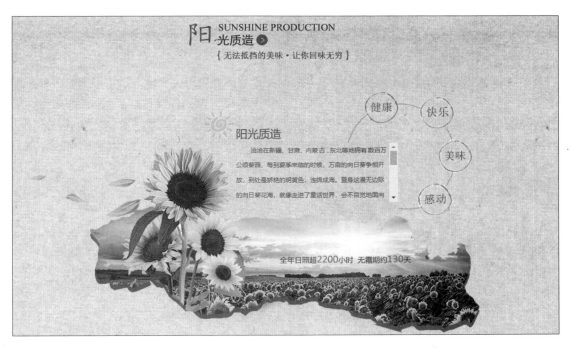

图4-7　洽洽品牌力软文的部分内容

在品牌力软文中，品牌故事的效果比较强大。有故事的品牌，其附加值就能得到很好的提升，也能加深受众对品牌的记忆。例如，辣椒酱品牌"老干妈"如此出名，离不开其创始人故事的影响。

专家指导

一个品牌要想在竞争中脱颖而出，要想在受众心中占据一席之地，除了要有优质的产品外，还要打造有助于强化品牌个性的品牌文化，实施有效的品牌传播，进行正确的品牌延伸。品牌故事就是非常好的可以体现品牌文化的元素。

4.1.2 软文在营销中的作用

软文营销通常是把关于企业的文案、新闻、观点，或一篇可以引起受众共鸣的文案发布到多家不同的媒体上，并在文案末尾注明文案的来源企业及作者信息，供想了解内容的受众阅读，从而产生推广效果，达到营销目的。软文营销是一种非常重要的广告形式，也是一种很有技巧性的广告形式，在产品或品牌营销中有重要作用。

1. 树立企业或品牌形象，提高受众的信任度

目前，市场中有许多同质产品，企业或品牌要想得到受众的喜爱，就要在受众心中留下好印象。好印象可以通过公关软文或新闻软文来树立，这两类软文因较为真实、正式，能够很好地帮助企业或品牌树立正面、积极的形象，提高受众对企业或品牌的认可度。

2. 传递口碑效应

口碑效应即受众在体验的过程中获得满足，并自发对企业或品牌进行正面宣传的一种效应。通过软文宣传的品牌或产品，受众浏览过后会留下比较深刻的印象，甚至会向身边的朋友分享，从而形成口碑效应。

3. 提高营销效果

软文具有非常多样的传播载体，加上互联网技术的广泛应用，文案人员可以通过各种新媒体平台、手段来推广软文。质量越好的软文传播范围越广，营销效果越好。图4-8所示为两篇推荐类软文，其阅读量均在10万次以上，其营销效果不容小觑。

图4-8 推荐类软文

4. 具有很强的广告效应

软文因其态度不强硬，易被受众接受，可以帮助企业或品牌快速提高产品销售额，产生强大的广告效应。

5. 带来群体效应，便于打开市场

如果受众在多个平台上看到某个企业或品牌的相关报道，不知不觉就会在心中留下印象，在需要购买相关产品时，自然而然就会首先考虑这个企业或品牌的产品。

4.1.3 软文的特点及写作要求

软文主要根据受众的需求推广产品，从而产生可持续性收益，实现营销目的。在写作一篇软文前，文案人员需要提前了解软文的特点及写作要求，这样有利于快速写出优秀的软文，达到更为理想的营销效果。

1. 软文的特点

软文具有以下特点。

（1）和广告具有同样的商业本性

从本质上来说，软文是一种广告。与硬广不同，软文通常借助文字进行表达，使受众认同某种观念和思路，从而达到宣传企业或品牌、促进产品销售的目的。图4-9所示为某品牌发布的一篇软文片段，该软文通过向受众科普玉米的相关知识，达到宣传玉米油、促进销量提升的目的。

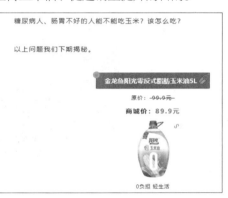

图4-9 某品牌发布的一篇软文片段

（2）利用文字伪装自己

不同于硬广在宣传上的开门见山，软文不会直接展示广告，一般会利用文字伪装自己，进而达到宣传的效果。软文的表现形式包括新闻资讯、管理思想、企业文化、技术与技巧、评论、趣味性的故事、包含文字元素的游戏等。受众在阅读其中的文字时，会在不经意间被影响，从而产生某种思想或行为。图4-10所示为海尔软文片段，该软文借助海尔获得"国品之光"品牌称号这一新闻事件进行品牌宣传，从而进一步增强品牌影响力。

（3）能引起受众共鸣

很多软文还会利用情感、情绪等使目标受众产生共鸣，增加受众对企业或品牌的好感度，进而树立良好的企业或品牌形象。例如，宝洁在北京冬季残奥会期间推出的软文通过传递残奥会运动员们突破自我、奋勇拼搏的奥林匹克精神引起受众的情感共鸣，并将情感扩展到奥林匹克全球合作伙伴宝洁上，从而实现营销，图4-11所示为宝洁软文片段。

2月21日，中央广播电视总台隆重举行"中国品牌强国盛典"，以"中国信心 品牌力量"为主题，褒扬勇于变革、敢于创新的精神，激励那些沉着应对百年变局、构建新发展格局迈出新步伐的实践者。现场发布了十大"国之重器"品牌，十大"国品之光"品牌，以及"年度特别贡献品牌"。

海尔荣获"国品之光"品牌称号。在盛典现场，海尔集团董事局主席、首席执行官周云杰表示，**这一荣誉的背后体现着从制造大国到品牌强国的中国智慧和中国力量。**

图4-10　海尔软文片段

宝洁作为奥林匹克全球合作伙伴，冬奥会之后继续为冬残奥会运动员提供洗护欢迎礼包，同时美发沙龙也将继续为运动员提供服务，全力支持他们以最好的姿态上场。

奥林匹克的真谛在于奋进，冬残奥会运动员们通过体育突破自我，凭借梦想点燃生命之火。冰雪运动使他们从平凡走向伟大，无数个日夜的磨炼让他们变得自信又乐观。把不可能变成可能的决心让他们在世界赛场上展现了骄人的风采。同样，他们每个人也都在自己的人生中通过不懈拼搏闪烁着光芒，他们用不屈的灵魂创造着自己的奇迹。

图4-11　宝洁软文片段

（4）能产生口碑效应

优质的软文完全能产生口碑效应。由于存在产品信息的不对称性，所以受众在购买产品或服务时倾向于接收口碑信息，甚至主动搜寻口碑信息。当口碑信息与受众自身感知的产品或服务质量基本吻合时，口碑信息便容易影响受众的购买决策，最终促使其产生与口碑信息相一致的购买行为。所以文案人员要好好利用这一点，通过优秀的软文内容吸引受众。

（5）要展示卖点

软文中还会展示产品的卖点，以促进宣传。尤其是对于某些推广产品的文案，文案人员需要深入了解产品卖点，并完美地将其呈现出来。通过恰当的宣传，软文就容易给受众留下印象，促成营销目的的实现。在这样的软文中，文案人员要注意营造轻松愉快的气氛，这样受众才会有兴趣阅读，产生进一步了解的欲望。

图4-12所示为一篇介绍如何选购智能门锁的软文，文案人员通过科普选购智能门锁的注意事项，清楚展示了所推广产品的卖点。

智能家居的发展日新月异，"万物互联"的理念逐渐被大众认可。随着产品不断往"智能化"方向发展，我们距离理想中的"智能家居"时代已经越来越近。从进入家门开始，我们第一个接触的智能产品就是智能门锁，在选购智能门锁时有哪些事项值得注意呢？

从外观上看，智能锁比机械锁更加时尚，非常符合

众，目前大部分智能门锁都具有指纹开锁功能，可以选择半导体指纹识别，这项技术比较成熟，且无法用伪造指纹破解，也是目前市面上智能门锁广泛应用的一项技术，其安全系数也较高。如果再配备虚位密码功能，可大大提升门锁的安全性能，在真密码前后输入假密码，再也不用担心被人偷窥密码。当然，联动功能也是智能门锁必不可少的一个功能，当有亲戚朋友造访可以直接远程开锁，真正实现"智能化"。

小益X7
正式发售

综合以上信息来看，国内智能锁品牌做得特别好，尤其是小益X7天猫精灵3D人脸智能猫眼锁，涵盖了上述所有功能，同时还具有发生暴力强拆、电量低、门未关紧、有人逗留等情况时告警的功能；而且产品售后服务非常靠谱，产品质保3年，门锁安装服务覆盖全国，提前约安装师傅上门装锁即可轻松搞定。

选择合适的远比其他更为重要，希望大家都能选到

图4-12 一篇介绍如何选购智能门锁的软文

2. 软文的写作要求

一篇优秀的软文要求既能够简单明了地表达核心思想，又能够将企业的品牌、理念等准确传达给受众，从而实现营销目的。总体来说，软文的写作要求主要包括以下几点。

（1）标题要有吸引力

同其他的新媒体文案一样，软文的标题十分重要，代表着软文的核心内容，其好坏甚至直接会影响软文营销的成败。软文即使内容丰富精彩，如果没有一个具有足够吸引力的标题，可能也无法吸引受众阅读。所以，在创作软文前，文案人员可以为软文拟定一个富有吸引力、震撼力或神秘感的标题。以下为一些使软文标题更具吸引力的写作方法。

- 借"流行"。"iPhone 13抽奖进行时，你怎能Hold住"。（某品牌营销活动的软文标题）
- 借"名人"。"××（某名人）每天睡10小时！家有不睡觉的娃，可以试试这个"。（某儿童用品的软文标题）
- 借"热点"。"热热闹闹等过年，新春好礼送不停"。（某食品品牌的软文标题）
- 以"问"唤人。熟练"掌握Excel在职场有多爽？提高工作效率的方法你知道几个"。（某学习网站的软文标题）
- 以"悬"引人。"后悔没有早点买的小家电排行榜，洗碗机排第五，第一竟然是它"。（某家电品牌的软文标题）

- 以"**事**"感人。"我与茶的邂逅"。（某茶叶品牌的软文标题）
- 以"**利**"引人。"注册成为××App会员，即送100元现金券"。（某购物App的软文标题）
- 以"**情**"动人。"19年的等待，一份让她泪流满面的礼物"。（某香水品牌的软文标题）
- 以"**险**"吓人。"刷牙没刷对，牙周病找上门，这款牙刷你值得拥有"。（某电动牙刷品牌的软文标题）

（2）主题明确

软文非常注重内容的精准度，因此写作软文的要求之一就是主题明确。主题明确的软文拥有一定的凝聚力，能够避免软文过于发散，偏离主线。一般来说，由于产品属性、企业情况、营销目标的不同，软文主题也各不相同，因此文案人员要根据实际情况选定主题，选定主题的方法包括以下4种。

- **产品特点定位法**。根据对产品的调查分析，找出产品相对于市场上同类产品的差异点，以此为诉求点说服受众购买产品。常见的方式有：着力介绍该产品的创新点；与同类产品比较，突出该产品的优异性；证明该产品能解决或避免受众在日常生活中可能面临的麻烦和尴尬；强调该产品能满足受众在某方面的精神需要；展示该产品的品位、风格。使用这一方法一定要将诉求点和受众的需求结合起来，强调产品的不可替代性，这样才能激发受众的购买欲。图4-13所示的软文主题主要通过强调产品可以为受众解决洗碗问题来宣传产品。
- **企业形象定位法**。企业形象是产品的"第二张脸"，受众往往愿意选择有实力且声誉良好的企业所生产的产品，所以在软文中树立和加强企业形象也能促进产品的销售，该方法适用于有一定知名度的企业。常见的方式有：突出企业在行业内的重要地位；强调企业的技术优势或者原料优势；列举企业的成就（见图4-14）；展示企业的创新性成就；宣扬企业务实、严谨、坚韧的优秀品质。这一方法主要借助企业的名声推广产品，文案人员要把握好其中的分寸。

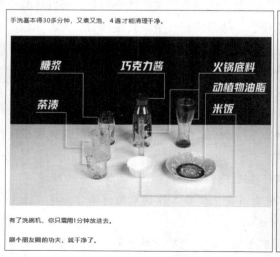
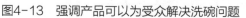

图4-13 强调产品可以为受众解决洗碗问题

图4-14 列举企业的成就

- **市场营销定位法**。软文也常常借助营销手段来推广产品，如在软文中突出产品打折、满额抽奖、满额赠礼等信息。文案人员在使用这种方法时要着力突出受众所能获得的利益，最大限度地激发受众的购买心理。

- **配套服务定位法**。对于受众来说，除了产品本身，配套服务也很重要，配套服务的好坏影响着受众的消费体验，良好的配套服务能够产生巨大的附加值，促进产品销售。常见的方式有：强调配套服务带来的便利性；强调配套服务的完善，免除受众的后顾之忧；强调配套服务的优质性。文案人员在使用此方法时要在软文中突出企业重视受众、全心全意为受众服务的精神。

（3）结构清晰

高质量的软文应该是严谨而有条不紊的，一篇结构清晰的软文，不但会给受众带来良好的阅读体验，还会带给受众一种权威的感觉。

所以，为了达到软文营销的目的，文案人员一定要仔细检查软文的结构。可以通过小标题来明确软文的重点和结构，也可以巧用字体、字号、图片或其他显眼的标识划分结构。另外，在软文的表述上，如果需要说服他人，文案人员可以采用类似"根据××数据统计"等言语，提高软文的可信度。图4-15所示为结构清晰的软文片段。

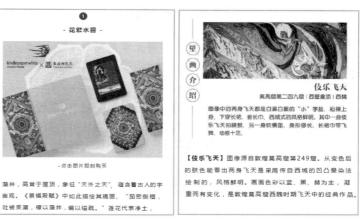

图4-15　结构清晰的软文片段

（4）自然融入广告

软文就是软广告，软文营销最难操作的部分就是把广告自然地融入文字中，而又不引起受众的反感。一篇成功的软文要让受众在读过之后，不易察觉到其广告的本质，还能够受益匪浅。在这个过程中，文案人员要注意，融入广告并不是最后一步，而是在软文写作之前就应该思考的问题。

图4-16所示为金龙鱼发布的一篇题为《河北美食千千万，不信进来看》的软文，该软文主要罗列了河北的地道美食，如驴肉火烧、金毛狮子鱼、火锅鸡等，在末尾提及火锅鸡选材的重要性，自然地引出推广对象——鲤鱼牌蜀香小榨风味菜籽油。

如果文案人员的软文写作能力不是很强，写作技巧也不是很高超，就不要把广告放在软文的末尾，因为软文内容如果不够吸引人，受众可能没有读到最后就已经放弃阅读。最好把广告巧妙地融入正文，不给受众"逃脱"的时间。

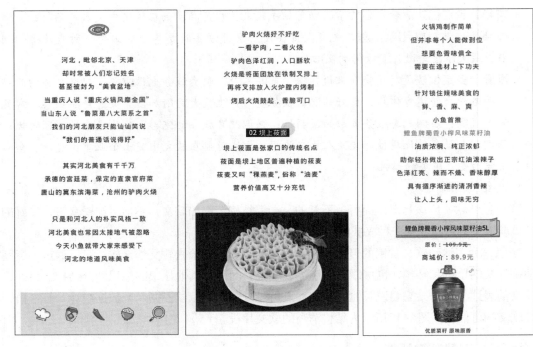

图4-16 金龙鱼发布的一篇题为《河北美食千千万，不信进来看》的软文

职业素养

软文营销是"无烟"的营销，对于专业的营销团队或个人而言，是一项"烧脑"的事情。软文营销包括策划创意、谋篇布局、软文撰写等环节，且在此过程中还存在一定的风险，如侵权等。因此，文案人员要培养职业素养、树立社会责任感，在追求经济利益的同时，向社会传播正能量。

4.2 输出软文文案

软文是文案人员关于营销的创意性思考，往往能为企业带来不错的收获。如果文案人员借助新鲜有趣的切入点进行软文内容的输出，将会使企业在营销市场中占据有利地位。

4.2.1 软文立意的出发点

受众在网上浏览时，或多或少会看到一些软文，但不少软文的广告意味过于明显，甚至内容多是对其他软文复制粘贴的结果，受众并没有查看的欲望。所以文案人员应创新软文写作思路，寻找恰当的切入点来满足企业或品牌的需求，且不让受众反感。

1. 伪装成新闻

大多数人都有好奇心，也都渴望了解新事物和学习新知识，所以新闻软文非常容易得到受众的关注。撰写新闻软文的重点是"新"，软文中的内容应是受众不知道、不了解或是不熟悉的，如新鲜的事物、新鲜的观点、新鲜的知识、新鲜的话题等，且软文的形式要符合新闻写作规范。

例如，OPPO推出了一款新手机，这时候就可以把广告包装成新闻，介绍OPPO一直以来的开发目标，并将其与新推出的手机的特点进行对比，然后顺势提出新款手机的设计理念、性能和参数配置，如图4-17所示。

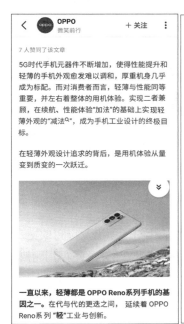
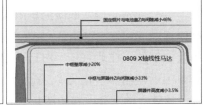

图4-17 伪装成新闻的软文

"无信不立，无诚不久。"文案人员如果选择将软文伪装成新闻，就需要特别注意软文的真实性。不真实的软文会给受众造成困扰，严重的还会给受众的生命安全带来威胁。受众在意识到受骗后，会对企业或品牌持有不信任的态度，最终影响的是企业或品牌的长期发展。

2. 经验分享

经验分享类软文非常容易打动受众，其主要利用心理学中的"互惠原理"，即通过免费向受众分享经验，免费给予受众帮助，来达到感动受众并影响受众的目的。通常，受众在通过经验分享类软文获得经验后，更容易接受和认同软文推广内容，甚至主动传播软文。图4-18所示的软文通过向受众分享拍摄婚纱照的经验来宣传某婚纱摄影店。

专家指导

在软文中分享经验时需要注意两点：一是一定要无偿分享宝贵的经验，不能用大多数受众都知道的知识糊弄受众；二是这些经验一定要具有实用价值。

图4-18　经验分享的软文

3. 利用话题

受众通常会自发地谈论与传播热门话题，所以，文案人员可以从热门话题出发撰写软文。利用话题撰写软文有两种方式：一是围绕社会热点制造话题，二是针对受众的喜好与需求引发争议。例如，在北京冬季奥运会期间，"3亿人上冰雪"成了一个热门话题，于是海尔就围绕该热门话题创作了软文《3亿人上冰雪，怎能少了海尔兄弟？》，引起了较多网友的讨论和传播，该软文的部分内容如图4-19所示。

图4-19　利用话题的软文

但要注意，制造的话题要具备可控性，特别是制造争议话题时，不能引发受众对产品的负面情绪，一定要做出正面引导。

4. 展示技术

技术通常和知识性、创新性等联系在一起，通过这种联系，技术更容易获得受众认可。因此，要推广的企业或品牌有什么新技术出现时，文案人员可以写作展示技术的软文，这势必会吸引感兴趣的受众。

需要注意的是，展示技术的软文通过技术层面的东西去打动受众，这个技术不能是伪技术，而是真正具有一定的先进性和创新性的技术，能够真正帮助受众解决一些实际问题。另外，文案人员在描述技术时，不要过于深奥，要使用一些浅显易懂的语言和例子，让受众明白其基本原理，了解该技术能够为其提供哪些帮助或使其能获得什么好处。例如，近来阿里巴巴达摩院推出了AI Earth地球科学云平台，该平台可以把卫星遥感数据翻译成有效的信息，以帮助人类更高效地了解地球。为此，阿里云发布了一篇展示技术的软文，详细说明了AI Earth地球科学云平台，如图4-20所示。

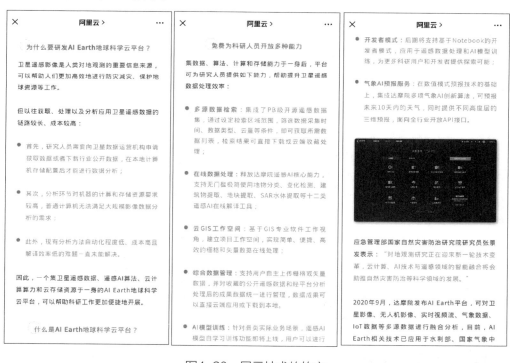

图4-20　展示技术的软文

5. 借助权威

对于受众而言，权威更使人信服，借助权威也是软文立意的一个出发点。例如，受众更倾向购买大公司生产的产品；对于大商场销售的产品，受众通常也不会怀疑其真劣。文案人员在借助权威撰写软文时，可以从以下3个方面入手。

- **围绕企业背景来打造权威性**。利用好的企业背景会很快建立起权威性。例如，支付宝刚推出时便获得了高度关注，原因是支付宝是由阿里巴巴集团投资创办的。普通的企业可以通过各种合作形式挂靠到权威部门或大公司旗下来打造权威性。

- **展现产品的权威性。** 若产品所采用的技术特别先进、品质特别好，也可以奠定其权威地位。例如，华为通过先进的技术打造产品的权威性，以此快速奠定其在国内市场的地位，获得受众的认可的。
- **利用人的权威性。** 借助权威还可以利用人的权威性。例如，秋叶是秋叶PPT的创始人，其在PPT制作方面非常有权威性，因此文案人员在撰写PPT相关的软文时，就可以借助秋叶的影响力，从而使受众信服。图4-21所示为借助秋叶的权威性撰写的软文。

秋叶个人品牌顾问营是国内极具影响力的高端顾问社群，已经成功举办了5期，帮助100多位行业精英顺利转型成为个人品牌顾问，找到了职业新赛道。

他们的成绩详情请点击这里：为什么今年我一定要邀请你来做个人品牌顾问？

今年的第一期顾问营将在3月开课，3月1日—25日线上授课，26—27日武汉两天线下课。目前，已经有20多位经过层层筛选的行业精英加入了我们，余下的席位有限，需要了解的可以在文末联系顾问营的顾问咨询，感受我们的实力。

今天介绍部分学员，他们都是谁？我们来认识一下吧！

图4-21　借助秋叶的权威性撰写的软文

6. 科普知识

科普知识的软文也非常受欢迎，因为该类软文可以拓宽受众的知识面，丰富受众的精神世界。一般来说，以科普知识为出发点撰写的软文，可以在科普知识的同时植入所要推广的产品。例如，诗乐氏洗手液的推广软文就从杀菌的概念出发宣传产品，为受众科普有"卫消证字"批号的洗手液才有抑菌效果，"卫妆准字"批号的洗手液属于普通洗手液，无抑菌功效，而诗乐氏洗手液有"卫消证字"，能有效抑菌，增强了受众对品牌的信任度，达到了营销的效果，如图4-22所示。

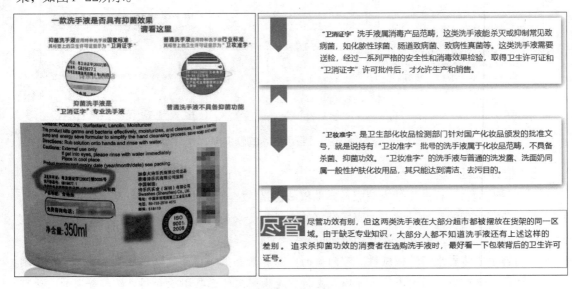

图4-22　科普知识的软文

专家指导

科普知识类软文的重点是科普的知识要有趣且与目标受众息息相关，要高度符合受众需求，能够引起受众强烈的关注与足够的重视。例如，某品牌在撰写宣传推广烘干机的软文时，就先向受众科普了"烘干机能代替自然晾晒吗？""洗烘一体机值得推荐吗？"等知识。

4.2.2　软文的写作要点

一般来说，文案人员可以把数据、案例、情感、故事、历史等作为软文的写作要点，让文案显得更加专业。

1. 数据

无论是新闻报道还是软文，都需要数据的支持。对于受众而言，软文中出现的有说服力的数据，比具体的实例更能激发热情。例如，某奶茶"全球14亿人都在喝的奶茶"的销量数据展示出来之后，其销量足以震撼受众，能让受众了解产品的受欢迎程度，那么当受众有需要时，只要一看到该产品，可能就会产生购买行为。

图4-23所示为包含了数据的软文，直接用销售数据证明产品的热销度，能很好地说服受众，助力品牌的传播。

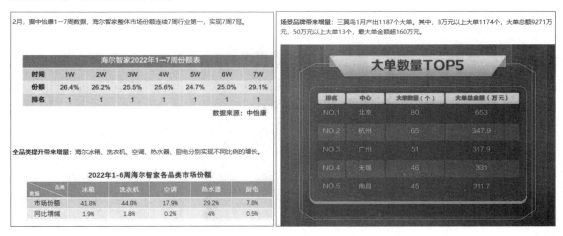

图4-23　包含了数据的软文

2. 案例

对于推广软文，无论是要证明产品效果好还是要说明产品质量过硬，都需要用案例来增强说服力。软文所选取的案例一般应为成功案例，可以是使用者的反馈，也可以是企业或品牌提供的相关证据。

图4-24所示的Kindle发布的软文选取了某使用者的体验作为案例，以证实产品确实能给受众带来非常棒的体验，为受众购买Kindle增加了说服力。

需要注意，在软文中通过案例来营销，其目的仍然是销售产品、推广品牌。文案人员在选取案例时要注意案例的代表性和适度性，没有代表性的案例会显得苍白，案例太多又会显得啰唆。

之前的我一直囿于无聊的人际交往，一直困于枯燥的生活，一直恐惧周边的评价，一直不知道自己是谁，自己有什么优缺点，有何天赋。直到看到王小波的一句话，"一个人不应该只拥有此生此世，他还应该拥有诗意的世界"。于是我拿起了人生中的第一本文学书，一年过去了，我的第127本书已经读完，在Kindle中也读完了47本书，我很高兴来到人世，我找到了我自己，找到了我的爱好，找到了她。我的生活很好，阅读和她成为我生活中重要的部分。

From | 包*路

图4-24　使用了案例的软文

3. 情感

软文能够传达很多的信息，且针对性强，若是融入情感元素，就更容易让受众产生共鸣，进而提升企业或品牌在受众心中的好感度。图4-25所示为融入情感的软文，该软文是伊利在中秋节前发布的。该软文从父母与子女之间的情感出发，围绕"关心不是逢年过节的单点爆发，是细水长流的日常相伴"这一主题，展示了父母"最想要的"东西，引起同为子女的受众的共鸣，树立了良好的品牌形象。

图4-25　融入情感的软文

4. 故事

除了情感外，故事的感染力也较强。故事性的软文能让受众记忆深刻，能够拉近企业或品牌与受众之间的距离，让受众在不知不觉中产生消费行为。比较知名的企业或品牌一般都有自己的故事，如茅台海外参展摔酒瓶、海尔张瑞敏砸冰箱的故事至今仍为人津津乐道。

中小企业的文案人员可以根据品牌或产品的故事进行创作，主要可根据企业运营过程中与经销商、客户或者员工之间的故事进行创作。巴利（Bally）品牌故事的部分内容如下所示。

> 一个偶然的念头可能会开启一扇大门，让人生与事业别有洞天，甚至流芳百年，惠及大众。巴利（Bally）品牌的成立就源于一个美丽而动人的故事。
>
> 150年前，一个丝带编织商和他的妻子以及14个子女一起住在瑞士一个秀丽的村庄里。卡尔·弗兰茨·巴利（Carl Franz Bally）——丝带编织商的第十一个孩子，正和一位兄弟一起照管着家里的生意。那时在欧洲，松紧带刚开始被人们用于制鞋业，需求量大增。许多丝带编织企业开始与制鞋商打交道，卡尔他们也一样。为联系客户，卡尔常常要来往于瑞士和法国间，一次谈完生意后，卡尔被客户橱窗里陈列着的一双别致的女士皮鞋吸引住了，心想"妻子穿上它一定很舒适、很出众"……

上述故事为品牌创建故事，通过该故事，巴利（Bally）可以全面地阐述品牌的个性诉求、性格定义，将外在形象无法系统表现出来的精神内涵通过文字阐述出来，引起目标受众的精神共鸣，从而增强受众对品牌的认同感。

5. 历史

在软文营销的过程中，"历史"这个词富有很多的含义和内容，无论是品牌软文还是产品软文，都可以从历史出发。通常所说的历史是指企业过去的经历，包括创业想法的由来、企业的筹备、过去产品或服务的设计等内容，对于现在而言，一切之前发生的事情，一般都可以称之为历史。图4-26所示的软文就述说了产品从1997年至2021年的发展历史，从侧面说明了产品由来已久，值得受众信赖。

图4-26　从历史出发的软文

4.2.3 吸引受众关注的技巧

软文的价值得以体现的前提是受众能被软文所吸引，所以文案人员在写作软文时，要考虑如何吸引受众的关注。文案人员可以从软文的说服力、感染力和传播率方面综合考虑，把握吸引受众关注的技巧。

1. 增强软文的说服力

增强软文的说服力指通过提升软文的"说话技巧"让受众相信文中的观点，主要有以下两种方法。

（1）打动受众

软文写作一定要从受众可以接受和信服的角度出发，以打动受众，这样才能达到宣传产品或服务的目的。文案人员可以从安全感、归属感和价值感3个方面入手。

- **安全感**。趋利避害是人的本能，在写作软文时，文案人员可以将产品的功能和安全性结合起来，增强受众的安全感，这也是说服受众的有效手段。例如，某新型电热毯的销售软文可以从电热毯的温度可以调节、没有辐射、可定时断电等与安全相关的方面来展开描写，这对于追求家电安全的受众来说有说服力。

- **归属感**。针对受众的具体定位来进行软文写作可以增强受众的归属感。例如，年轻人喜欢比较时尚、流行的产品，职场人士喜欢比较沉稳、大方的产品，女性多喜欢比较美观、实用的产品，文案人员在写作软文时要将产品和受众的喜好结合起来，从而打动受众。

- **价值感**。得到别人的认可会使一个人发自内心地感到高兴，并获得实现自我价值的满足感。文案人员在软文中将产品与个人价值感结合起来，也容易打动受众，可以激发他们的购买欲望。图4-27所示的某体验中心的推广软文把亲子体验与孩子从生日中获得的价值感紧密联系起来。

> 看着孩子快乐长大，是每位家长最普通的心愿。但是在忙碌的工作和生活的压力下，你是否渐渐忽略了孩子的生日，忘记了他降临的那天，你所获得的幸福和苦难？在孩子生日这天，牵着他的手，一家人一起过一个意义非凡的生日，留下次个毕生难忘的回忆。当孩子成家了，你们再回忆起来的时候，这该是多么令人感动、多么幸福的时刻啊！

图4-27 强调价值感的软文

（2）让文案有理有据

有理有据的文案比较容易让受众信服，文案人员可以从以下3个方面出发增强软文的说服力。

- **运用数字**。运用具体数字或能粗略估算的数字，会比含糊不清的描述性语言更能让人信服。例如，"该围巾羊毛含量高"与"该围巾羊毛含量为95%"，明显第二种更具说服力。

- **表述具体**。时间等重要信息的表述应当越具体越好，例如，"本次活动从今日开始，持续3天"与"本次活动时间为5月1日至5月3日"，第二种表述更为具体明了。

- **借用权威人士的话或名言**。借第三方言论来佐证自己的观点时，最好选择能被检索到的第三方言论，这样会更有说服力，如行业权威人士的话或名言等。

2. 增强软文的感染力

如果文案人员写出来的软文空洞乏味，缺少感染力，那么软文的可读性和耐读性就会降低，就很难引起受众的阅读兴趣。尤其是故事类软文对感染力的要求更高。要想写出富有感染力的软文，文案人员一定要对事物具有很强的敏感度，能够捕捉到生活中的一些敏感点，并善于寻找共鸣点。

图4-28所示的软文就讲述了各大奥运会期间发生的一些感人故事，这些故事体现了奥运精神、梦想和友谊，动人心弦。

图4-28 富有感染力的软文

3. 提高软文的传播率

软文的传播率是衡量软文价值的一个重要标准，如果一篇软文能被广泛地传播分享，就具有较高的商业价值。文案人员要想提高软文的传播率可以从争议性和新闻热点两方面入手。

- **争议性**。每个人对事物持有的观点和想法不同，没有统一的评判标准。因此，写作一篇具有争议性的软文就容易引发受众的讨论和传播。需要注意的是，写作具有争议性的软文并不意味着要挑起受众的对立情绪，而是要引导受众从不同的方面进行思考。
- **新闻热点**。新闻热点向来是受众比较关心的内容，如果文案人员能够及时捕捉新闻热点，并借此写作软文，那么软文的关注度可能会较高。

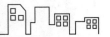

 **职业素养**

　　新媒体的公开性使得"人人都能发声，人人都能传播"。个别文案人员为了获取流量和经济利益，故意挑起受众的对立情绪，以未经证实的新闻或热点来写作软文，引发规模较大的群体非理性讨论及骂战，严重破坏了社会秩序，这是不可取的。文案人员应当明是非、辨善恶，严格遵守职业道德底线，输出对受众有价值的信息。

📈 本章实训：为某品牌智能体脂秤写作推广软文

　　软文通过微信、微博等新媒体平台被大量转载传播后，软文中推广的企业、品牌和产品的曝光度会大大增加。本次实训将为某品牌的智能体脂秤撰写一篇推广软文，以帮助读者巩固软文写作的相关知识。

【实训背景】

　　2021年3月，《中华人民共和国国民经济和社会发展第十四个五年规划和2035年远景目标纲要》正式发布，其中，人工智能技术研究及应用异常显眼。发展至今，人工智能已经在我国众多垂直领域实现应用，目前较为成熟的领域包括家居、金融、交通、医疗等。在日常生活中，人工智能产品经常可以看到，如智能汽车、无人机、智能音箱、智能体脂秤等。人工智能技术不仅带动了我国的科技创新，促进了经济的增长，还深入日常生活，给人们的生活带来诸多便利。

　　王雨是某智能家居品牌的文案人员。近来，该品牌新推出了一款智能体脂秤，该智能体脂秤不仅能测量体重，还能测量出身体内的肌肉含量、脂肪含量等不同的身体数据。为了促进该产品的销售，公司决定利用软文来进行推广。王雨负责撰写推广软文。

【实训要求】

　　本实训的具体要求如下。

① 以"经验分享"为软文立意的出发点。

② 使用"增强软文的说服力"技巧撰写软文，吸引受众购买。

③ 撰写一篇完整的推广软文。

【实施过程】

　　根据实训要求，本实训的实施过程分为以下3个部分。

（1）为软文立意

　　软文若有一个创新性的写作思路，营销效果将事半功倍。在王雨看来，以"经验分享"为软文立意的出发点，可以从介绍如何选购智能体脂秤出发，向受众科普选购智能体脂秤的要点，进而推广该品牌的智能体脂秤。

（2）增强软文的说服力

　　为了增强软文的说服力，王雨决定在描述该品牌的智能体脂秤时，用一些图表数据来论证产品的有效性，或者附带一些受众的使用反馈图，让受众信任产品。

（3）撰写软文

　　撰写软文可以参照新媒体文案的写作顺序，具体步骤如下。

步骤 01 ▶ 确定软文的结构。在王雨看来，如果要先介绍如何选购智能体脂秤，然后推荐智能体脂秤，就需要按照发展规律及逻辑关系一步步引导受众阅读。因此，她决定按照递进式的结构来撰写软文。

步骤 02 ▶ 拟定软文的标题。为了提高软文的点击率，王雨决定为软文拟定一个有吸引力的标题。经过思考后，她拟定了以下多个不同类型的标题。经过对比后，王雨决定把"你知道如何选购适合你的智能体脂秤吗？"定为该软文的标题。

> 直言式标题：××智能体脂秤，掌握你身体的多项数据
>
> 提问式标题：你知道如何选购适合你的智能体脂秤吗？
>
> 悬念式标题：智能体脂秤竟然可以告诉你身体的这些秘密……
>
> 号召式标题：买它！××智能体脂秤助你健康运动
>
> 证明式标题：亲测，××智能体脂不仅专业还贴心

步骤 03 ▶ 撰写软文的开头。在软文开头创造一个情景，通过对情景的细致描述，可以快速引起受众的阅读兴趣。于是，王雨决定以自己长胖的经历作为开头。

> 春节在家休息了半个月，每天除了吃就是睡。节后上班时称了一下体重，竟然已经60千克了，整整胖了10千克！之前买的裤子和连衣裙都穿不下了！这还没什么，到公司时爬了十几步台阶，我竟然喘个不停，额头还冒汗。我意识到我不能再这样下去了，于是我决定开始运动，并购买一个智能体脂秤来监测我的身体指标。

步骤 04 ▶ 撰写软文的中间内容。撰写好开头后，王雨根据确定好的结构写作软文中间内容。为了让中间内容更饱满，王雨还准备了一些产品图和数据图（配套资源：\素材\第4章\智能体脂秤\）。如下所示为王雨撰写的软文中间内容。

> 市面上的智能体脂秤很多，我花费了一天的时间仔细了解各种智能体脂秤，才发现选购智能体脂秤原来还有这么多学问。
>
> 　1．形状有讲究
>
> 　目前，市面上主要有方形和圆形两种形状的智能体脂秤。相同的尺寸下，方形智能体脂秤的面积大于圆形智能体脂秤，并且其准确性也更高。

2. 测量范围和准确性

测量范围和准确性是选购智能体脂秤时需要格外注意的问题。一般的智能体脂秤的最大承受重量在150kg左右，能够满足大部分人的需求。质量较好的智能秤可以精确到0.1kg，质量一般的产品一般估算到整数。

产品名称	××（品牌）智能体脂秤
产品型号	CS20X2
产品尺寸	260mm×260mm×20mm
产品质量	1.8kg
充电电压	5V⎓200mA
分 度 值	0.05kg(100kg以下)0.1kg(100kg以上)
称重范围	0.2~180kg(开机启动质量7kg)
建议使用环境温度:温度为+5℃~+35℃	
建议储存温度:温度为-20℃~+60℃	
本产品支持独立直接蓝牙使用,也支持直接蓝牙+WiFi使用,如果您未进行WiFi配置,可使用蓝牙传输数据。	

3. 数据解析能力

相较于传统的体重秤，智能体脂秤可以帮助受众记录、检测和分析身体数据。因此，在选购智能体脂称时，要着重了解其数据解析能力。

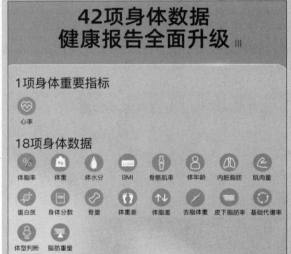
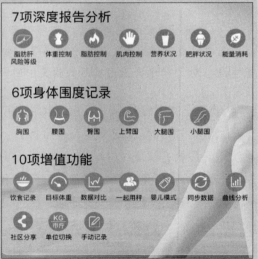

4. 便利性和智能性

目前，市面上的智能体脂秤测量的数据基本会通过配套的App同步到智能手机上，因此，智能体脂秤配套的App最好页面简洁、数据清晰、直观反应测量结果。

经过对比后，我终于选到了一款功能多样且性价比很高的智能体脂秤，那就是××（品牌）智能体脂秤。除了满足上述要点，该品牌智能体脂秤还有以下让我心动的地方。

1. 一屏读懂健康

很多智能体脂秤配套的App中都有很多晦涩难懂的数据，而××（品牌）智能体脂秤的秤面自带彩色屏幕，称完体重后在秤面上就可以看到常见的测量数据，只有要查看深度分析报告时才会用到配套App，非常方便。

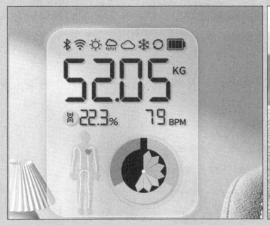 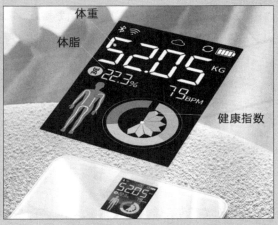

2. 受众满意度高

我发现受众对该款智能体脂秤的使用反馈都很好。很多人表示该款智能体脂秤不仅测量精准、功能丰富、外观简洁大方、操作方便，售后服务也非常好，不仅质保3年，并且支持7天无理由退换货。受众需要退换货时，品牌会通知快递员直接上门打包收货。

★★★★★

千挑万选，看了很多测评，最终选择这款体脂称，外观超级好看，简约大方，使用感也不错，可以看到各项指标，分析得比较全面，也能知道减肥该从哪个维度入手，整体不错。

★★★★★

准确性：很好，跟外面的体脂秤测的差不多，检测的数据很多，一目了然。
灵敏度：反应很快，一踩就亮了。
操作难易：上手很快，操作简单易懂。
做工质量：做工特别好，表面平滑干净。
外形外观：炫彩版色彩搭配合理，中间过渡自然，实物与图片相符。

步骤 05 ▶撰写正文结尾。为了不引起受众的反感，让受众感觉软文仅仅是在分享经验，王雨决定采用自然结尾，具体内容如下。

> 看了这么多，小伙伴们知道怎么选购智能体脂秤了吗？不说了，我要抓紧利用这款智能体脂秤开启我的运动之路啦！小伙伴们还有不懂的也可以留言问我哦，我一定会一一为你们解答的。

拓展延伸

软文的营销效果虽然不错，但想要撰写一篇优秀的软文并非易事。下面我们将讲解软文撰写技巧的相关内容，以帮助文案人员提升软文写作能力，避开写作误区。

1. 如何写好软文的内容？

软文的内容质量高是受众能够认真看下去的必要条件，文案人员可以从以下几个方面入手写好软文的内容。

- 写作之前列好提纲，归纳好写作重点。
- 尽量避免使用专业化的语言，多用日常用语，增强可读性。
- 有案例图片的最好插入图片，这能增加软文的吸引力，使软文更加生动形象。
- 详略要得当，主题要明确。
- 多角度思考，多看他人的软文，多了解一些新的观点或者方法。

2. 软文写作应注意避开哪些误区？

写作软文时，文案人员时常会陷入一些误区，导致写出来的软文难以被受众欣赏和认同。文案人员在写作时要注意避开这些误区，提升软文的质量。

- 包含禁忌词语。在网络中存在一些禁忌词语，如《广告法》禁止使用的词语、医疗用语、迷信用语等。如果在软文中使用这些词语，会导致这类软文在发布时被新媒体平台自动删除，发挥不了应有的推广作用。

- **忽视标题**。软文的标题是软文的一大重点，一般受众在决定是否查看某篇软文的内容时，70%是由标题决定的，所以，在标题上要下足功夫。
- **主题不符**。文案人员需要针对营销目的撰写软文，不要胡编乱造，而且写完后要检查内容是否与主题相符。
- **内容空洞**。软文的价值受文案人员写作水平的影响，文案人员写作时要避免内容空洞。
- **专业度低**。软文内容应尽量贴合相关行业，并且应把相关专业信息融入软文，体现专业性。
- **产品了解度低**。文案人员写作软文需要对所要宣传的产品做深入、系统的研究，同时要把握市场热点，明确目标受众对产品的关注点和易于接受的传播方式等。否则，即便妙笔生花，软文也得不到受众的青睐，更不会有理想的推广效果。
- **拖泥带水**。如果软文的语言啰唆，受众就会失去兴趣，故而文案人员在写作时要语言精练、干净利落。
- **篇幅过长**。快速的生活节奏使很多受众习惯了快餐式的阅读，不愿完整地读完大篇幅的软文。所以软文最好短小精练，言简意赅，便于受众快速了解全部内容。

📖 课后练习 ● ● ● ● ● ●

生活垃圾分类工作对促进资源回收、改善人居环境及提升城市品质有着重要的推动作用。近年来，我国推进生活垃圾分类的步伐不断加快，督查工作日渐精细。为加强受众对垃圾分类的重视，推动受众树立"绿色、低碳、环保"的理念，养成珍惜资源、节约能源的生活习惯，某品牌推出了一款家用分类垃圾桶。图4-29所示为部分产品图（配套资源：\素材\第4章\课后练习\）。

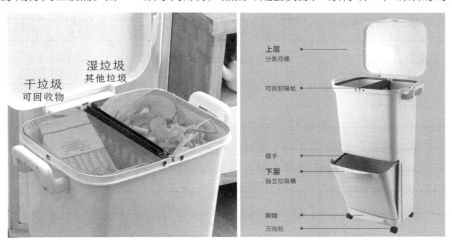

图4-29 部分产品图

假如你是该品牌的一名文案人员，请按照以下步骤为该产品撰写一篇推广软文。

（1）为软文立意

软文立意：_____

理由：_____

_____

（2）应用吸引受众的软文的吸引力

技巧：_____

理由：_____

_____

（3）确定软文结构

_____

_____

（4）写作软文标题

_____

（5）写作软文开头

_____

_____

_____

（6）写作软文中间内容

_____

_____

_____

_____

_____

_____

_____

_____

_____

_____

_____

_____

（7）写作软文结尾

_____

_____

_____

第5章 产品和品牌文案写作

　　企业推广产品或品牌时，为了吸引受众的注意，往往需要针对产品或品牌写作相应的产品文案或品牌文案。产品文案需要将专业、难懂的产品功能"翻译"为受众看得懂的文案，以促进产品的销售；品牌文案则需要把品牌文化、理念传递给受众，以深化品牌形象。

● 学习目标

- 熟悉产品文案的组成部分和写作步骤，并能快速写出产品文案。
- 掌握产品文案的写作技巧，为产品文案润色。
- 了解品牌文案的特点、功能和作用。
- 掌握品牌文案的写作流程，能够写作品牌标语文案、故事文案。

● 素养目标

- 写作真实、可靠的产品文案，全面、真实、准确、及时地披露产品或者服务信息，保障受众的知情权和选择权。
- 建设品牌文化，建立品牌信仰和品牌忠诚度。

案例导入

安踏是一个体育用品品牌，专注于为广大受众提供高性价比的体育用品，于1991年在福建创建。近年来，安踏、李宁等国产品牌股价持续走强，尤其是安踏，2021年其股市市值一度达到3000亿港元以上。2022年北京冬季奥运会，安踏成为赞助商，我国参赛的运动员、工作人员等均身穿安踏提供的服饰。

作为行业领头羊，安踏自成立起就一直立足专业、敢为人先。例如，北京冬季奥运会的很多项目都是高强度的冰上运动或雪上运动，因此，比赛服既要保暖，又要防风防水、吸汗迅速、时刻保持干爽，因此安踏将多项尖端户外运动科技，根据不同比赛需求应用在各项目的比赛服上，以起到超强的防护作用。除了产品外，安踏在新媒体平台中发布的文案也非常专业且受欢迎。图5-1所示为安踏某款运动鞋的产品文案，该文案通过简短、专业的描述让受众了解产品的优点，如"轻""弹""久"等，很好地增强了受众对产品的信任度；图5-2所示为安踏在北京冬季奥运会闭幕后发布的微博，该微博不仅有对运动员的夸奖和对奥林匹克运动精神的敬仰，还彰显了安踏的品牌文化——永不止步。

图5-1　安踏某款运动鞋的产品 　　　　图5-2　安踏在北京冬季奥运会闭幕后发布的微博
　　　　　文案

在发展的道路上，安踏不断突破自我，一步步从中国走向世界。安踏的产品文案和品牌文案展现了安踏产品的功能、卖点，以及安踏的品牌文化。借助安踏的产品文案和品牌文案，受众能够更好地了解、选购其产品，体会其品牌文化和品牌理念。

① 安踏发布的产品文案有什么作用？

② 安踏是如何传递其品牌文化的？

5.1 产品文案写作

企业或品牌在线上售卖产品时，受众看不见也摸不着产品，为此，文案人员需要通过文案对不同产品进行介绍，以激发受众的购买欲望，进而促进产品的销售转化。

5.1.1 产品文案的组成部分

产品文案是一种比较常见的文案形式，主要用于描述产品的功能、属性、优势、卖点等，从而起到营销的作用。一般来说，产品文案需要全面展示产品的相关信息，如产品全貌、产品细节、产品属性及设计、产品优惠信息和产品操作方法等。

1. 产品全貌

产品文案中必须包括产品全貌，包括正面、侧面和背面等，以便受众对产品有整体的观感，提高受众对产品的了解。只展示产品部分信息的产品文案（如服装产品文案仅展示正面而未展示背面）是不可取的，此类产品文案不仅会让受众产生购买顾虑，还容易产生退换货纠纷，且容易影响受众对产品的评价。图5-3所示的某品牌发布的产品文案就详细展示了产品的全貌。

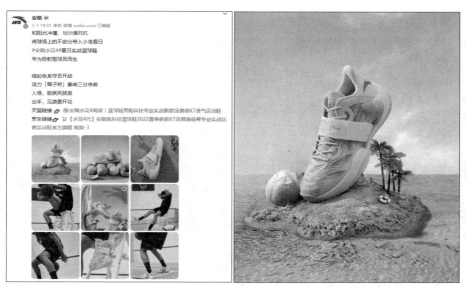

图5-3　展示产品全貌

2. 产品细节

网上产品的细节常在图片中展现，有些对细节讲究的受众只看到整体外观很难放心，而展示产品细节能让受众对产品的品质更加放心。例如，在台灯的产品文案中加入展示细节的内容，如"加厚底座""水晶玻璃坠饰"等，就能够增加受众对产品的了解。图5-4所示的某品牌运动鞋的产品文案就详细展示了运动鞋的各个细节。

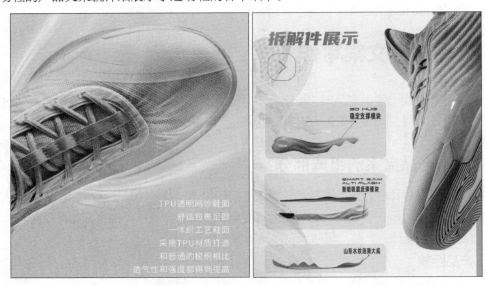

图5-4 展示产品细节

3. 产品属性及设计

产品文案的大部分内容都是在介绍产品属性，如功能、材质和规格，将这些信息与产品的设计灵感来源、设计师的设计点等作为卖点进行展示，可以提高受众对该产品的认同感，如图5-5所示。

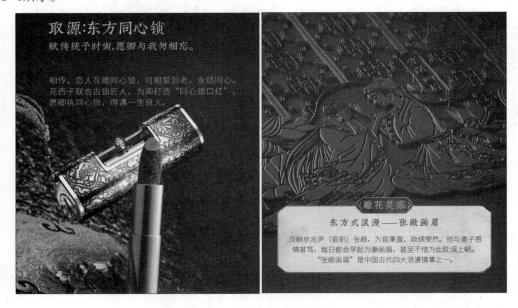

图5-5 展示产品设计灵感

4. 产品优惠信息

很多受众有喜欢实惠的心理，重视产品的性价比，因此，为吸引受众的注意力，产品的满减、满赠等优惠信息也需展示在产品文案中。例如，购买礼服赠送礼盒、买三免一、满100元包邮、满99元减3元等优惠信息。图5-6所示的某品牌的产品文案就展示了产品优惠信息。

图5-6　展示产品优惠信息

5. 产品操作方法

有的产品文案会介绍产品的操作方法。例如，某品牌水龙头的产品文案中就展示了产品安装的方法，如图5-7所示。

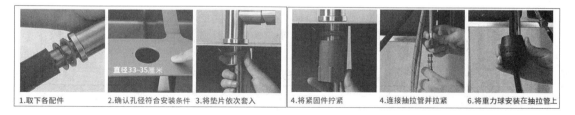

图5-7　展示产品操作方法

6. 其他

不同类型的产品文案向受众展示的信息是不同的。除了以上信息，产品文案中还可能包括辨别真伪的方法、售后服务、附赠服务（免费代写贺卡、免费刻字等）、使用反馈等。

课堂讨论

以上产品文案的组成部分中，有哪些组成部分是不可或缺的？产品文案中展示哪些内容能引起你对产品的兴趣？

5.1.2 产品文案的写作步骤

不同产品的产品文案有所不同，只有了解产品文案的写作步骤才能更好地写作内容。一般来说，产品文案的写作步骤包括了解产品、提炼产品卖点、展示产品卖点。

1. 了解产品

产品文案旨在推广产品，因此，在写作文案之前，文案人员应充分了解产品，需了解的内容主要如下。

- 产品的材质、制作工艺、所属类别等。
- 产品的型号、尺寸和重量等。
- 产品的用途、功能、使用方法等。
- 产品的价格、优惠活动等。
- 产品的售后服务，如保修服务、退换货服务、安装服务等。
- 产品的产地、包装等，如果是可食用类产品，还包括保质期、配料、储存条件、口味等。
- 产品的设计理念和设计灵感。
- 生产该产品的企业的相关信息。
- 产品的使用寿命、保养技巧等。
- 产品的优缺点（以便在写作产品文案时弱化缺点，突出优点）。

2. 提炼产品卖点

对于产品文案而言，产品是关键的要素，而展示产品的好方法就是展示产品的卖点。因此，在了解产品后，文案人员就需要提炼产品的卖点。FAB法则、产品属性提炼法和要点延伸法是较为常用的提炼产品卖点的方法。

（1）FAB法则

FAB法则，即属性（Feature）、作用（Advantage）和益处（Benefit）法则，是一种说服性的销售技巧，常用于提炼产品卖点。表5-1所示为FAB法则的详细解释。

表5-1　FAB法则的详细解释

组成	解释
属性（Feature）	代表产品的特点，主要从产品的材质、制作技术、体积、功能等角度进行挖掘，如超薄、体积小、防水等
作用（Advantage）	代表产品的优点及作用，可从产品的特色和受众关心的问题进行挖掘，如方便携带、耐用等
益处（Benefit）	代表产品能带给受众的利益，需以受众利益为中心，如视听享受、价格便宜等

实际上，也可以简单地将FAB法则理解为以下几点。

- F代表产品有什么特点和特色。

- A代表产品的特点和特色所呈现出来的作用是怎么样的。
- B代表产品具体能给受众带来什么利益。

以一款不锈钢炒锅为例：该炒锅由具有良好耐热性、耐蚀性的304不锈钢生产而成；钢体结构有7层，底层采用了先进的菱形纹蜂窝不粘层和纳米钛黑生物膜，因此，不粘锅且少油烟。利用FAB法则分析产品后，可提炼的产品卖点为：F——材料优质、工艺先进；A——不粘锅、少油烟；B——易清洗、健康节能。

专家指导

一般来说，产品的属性容易被发现，每一个属性往往可以对应一个作用和一个益处。需要注意的是，受众往往更关注产品的作用和可获取的利益。

（2）产品属性提炼法

与FAB法则不同，产品属性提炼法是根据产品属性来提炼卖点，包括产品价值属性、形式属性、期望属性和延伸属性。

① 产品价值属性。这是指产品的使用价值，是产品本身具有的能够满足受众需求的属性。图5-8所示的某品牌洗衣机的产品文案展现的"净柔兼备""劲洗更护衣""全自动"就是产品价值属性的体现。

② 产品形式属性。这是指产品使用价值得以实现的形式或目标市场对某一需求的特定满足形式，包括质量、外形、手感、重量、体积、包装等。图5-9所示的某品牌行李箱的产品文案展现的"提起来不费力"就是基于重量这一产品形式属性的体现。

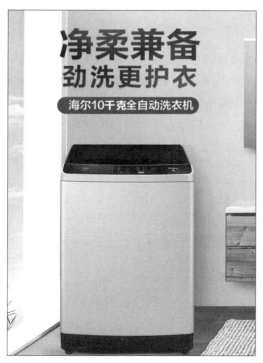

图5-8　产品价值属性

图5-9　产品形式属性

③ 产品期望属性。这是指产品满足受众期望的一系列条件。不同的受众有不同的期望，例如，除了洗涤、甩干外，有些受众还希望洗衣机具有烘干、消毒等功能。图5-10所示的产品文案中的"睡前预约睡醒晾晒"就是产品期望属性的体现。

④ 产品延伸属性。这是指产品的附加价值，如品牌、荣誉、服务等。图5-11所示的产品文案中的三大奖项展现的就是产品的延伸属性。

图5-10　产品期望属性

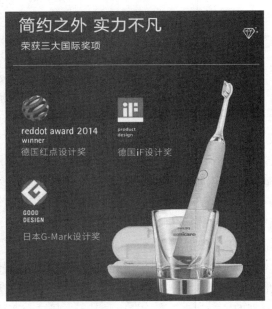

图5-11　产品延伸属性

（3）要点延伸法

要点延伸法不仅是一种创意策略，也是一种提炼卖点的方法，即将产品卖点以单点列出，再针对单点展开叙述。使用要点延伸法能丰富产品文案的观点，为文案提供资料来源，使文案内容更加细致。文案人员可按图5-12所示的要点延伸法提炼产品卖点。

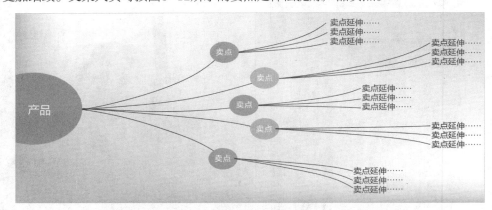

图5-12　要点延伸法

例如，使用要点延伸法为某款背包设计产品文案时，可以这样写：卖点1"简单百搭"，其延伸内容可以为"10种颜色任选，可用于上班、逛街和旅行，随走随背"；卖点2"性价比高"，其延伸内容可以为"低至3折，99元皮包，高性价比体验"。如果某款电动牙刷的卖点之一为"德国进口"，其内容可延伸为"品牌故事、产品认证、技术传承"，以此类推，充分挖掘产品卖点。

3. 展示产品卖点

产品文案的作用是向受众全方位地展示产品，因此，文案人员提炼出产品卖点后还要根据受众的喜好和需要来展示产品卖点。文案人员可以从以下几个方面展示产品卖点。

（1）展示产品品质

产品品质是受众决定是否选购产品的主要因素之一。只有产品文案体现出产品具有良好的品质，才能获得更好的营销效果。图5-13所示的某保温杯品牌的产品文案主要通过产品细节来展示产品品质。

图5-13　展示产品品质

（2）突出产品功能

受众购买产品实际上是购买产品所具有的功能。如果产品的功能与受众的需求相符合，甚至超出了受众的预期，就会给受众留下良好的印象，从而得到受众的认可。图5-14所示的一款扫地机器人的产品文案重点突出了产品杀菌力强等功能。

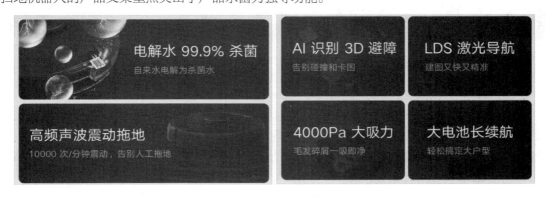

图5-14　突出产品功能

（3）凸显性价比

产品的性能好、配置高、功能全面，而价格又较低，则代表性价比高，受众更趋于购买。例如，红米Note11 5G手机的产品文案中就通过凸显性价比展示产品卖点，该款手机采用了双卡双5G、天玑810处理器、立体声双扬声器、X轴线性电动机、5000mAh大容量电池、33W Pro快充等配置，功能全面升级，但售价仅1199元，是一款性价比非常高的手机，如图5-15所示。

图5-15　凸显性价比

（4）体现品牌优势

品牌在一定程度上代表着产品的质量，以及能够给受众带来更多附加价值。如果产品品牌知名度较高，那么在展示产品卖点时，就可以着重体现品牌优势。例如，海尔是我国知名的家电品牌，其在展示旗下冰箱时就着重说明了品牌的优势，如图5-16所示。

-买品质好物 选海尔冰箱-

海尔冰箱连续13年全球销量领先

全 球 3 亿 个 家 庭 的 健 康 选 择

图5-16　体现品牌优势

（5）展现完善的售后服务

售后服务就是在产品出售以后企业或品牌所提供的各种服务。随着消费观念的不断变化，受众也将售后服务作为判断产品是否值得购买的条件之一。售后服务完善的产品更能吸引受众，甚至会直接促成受众的购买行为。图5-17所示的文案展现了完善的售后服务。不同产品的售后服务有所差异，总体来说，售后服务大致有以下几种。

- 为受众安装和调试产品。

- 根据受众的要求，提供使用等方面的技术指导。

- 产品"三包"，即包修、包换、包退。
- 零配件的供应。
- 维修服务，以及定期维护、定期保养服务。
- 处理受众来访和投诉等，征集受众使用反馈并及时改进。

图5-17 展现完善的售后服务

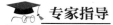 专家指导

　　文案人员在展现产品卖点时一定要结合受众的需求，也就是说，给受众一个购买产品的理由。例如，某款空调吹风柔和、风距长，那么在展示卖点时就可以结合受众需求，表示"吹起来舒服，久吹也不会头疼"；某款产品可折叠收纳，就可以描述为"不占地方，小户型也能用"。

5.1.3 产品文案的写作技巧

　　文案人员只是把图片和卖点展示出来，不一定能够吸引受众并激发其购买欲望，还需要运用一些写作技巧创作出具有吸引力的产品文案。

1. 抓住受众痛点

　　文案人员可以将产品卖点与能解决的受众痛点联系在一起，借助产品品质证明、与竞争对手对比等，减少受众的购买顾虑。

　　例如，普通婴儿纸尿裤可能存在"吸收慢、容易漏"的痛点，而本产品恰好"干爽瞬吸"，这时，文案人员在产品文案中便可以通过产品的吸水展示，以及与市场上其他产品的对比，凸显本产品的卖点，解决受众的担忧，进而促进销售，如图5-18所示。

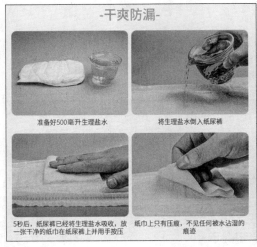

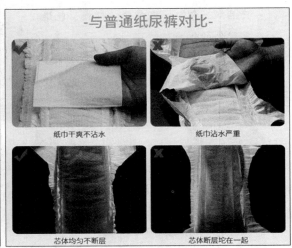

图5-18　抓住受众痛点

🎓 **专家指导**

痛点的挖掘并不容易，文案人员需要在了解自己和竞争对手的产品或服务的基础上，结合受众需求进行差异化分析。一般来说，痛点往往是受众非常关心的一些细节问题，文案人员需要认真观察和思考。

2. 调动受众情感

文案人员在写作产品文案的过程中，可以通过情感的渲染和独具特色的语言风格，调动受众的情感，以增强受众的认同感。调动受众情感的方法主要有以下两点。

- **增强故事性**。产品文案的写作方法很多，文案人员可以通过讲述产品的设计过程、生产过程中的故事增强产品文案的故事性。图5-19所示的产品文案就讲述了产品设计灵感的来源，增强了产品文案的故事性。

图5-19　增强故事性

- **添加暖心话语**。在产品文案中添加暖心的话语也可以调动受众的情感。暖心的话语通常

138

会给受众带来精神慰藉，从而使产品深入人心。在图5-20所示的某品牌的产品文案中，文案人员就添加了暖心的话语。

图5-20　添加暖心话语

3．利用对比

文案人员可以选择受众关心的一些问题，做产品对比，以突出该产品的优势，如从产品的质量、功能和服务等方面进行对比。例如，护肤品可从适合肤质、吸收效率、成分等方面做对比，果汁可从水果含量、营养价值、口感等方面做对比。图5-21所示的产品文案从清洗、清洁等方面将产品与传统拖把做对比，以突出产品的优点。

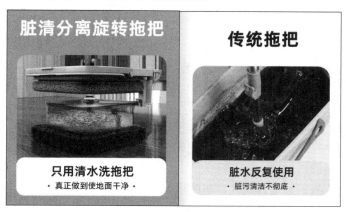

图5-21　利用对比

4．应用第三方评价

第三方评价是指有购物经历的受众对购物经历和产品使用感受的评价。很多新媒体平台上可以搜索到受众评价，企业或品牌也鼓励受众分享购物经历和产品使用感受，以供其他受众参考。文案人员可以从第三方评价中选取反馈较好、比较客观公正的评价，将其应用到产品文案中，如图5-22所示。

图5-22　应用第三方评价

5．展现产品的非使用价值

产品价值可分为使用价值和非使用价值，其中使用价值是产品的自然属性，是一切产品都具有的共同属性之一；而非使用价值是产品使用价值之外的其他附加价值。很多产品文案只体现了产品的使用价值，而忽略了产品的非使用价值，从营销的角度来讲这是不完整的。

展现产品的非使用价值可以赋予产品更加丰富的内涵，增强产品的吸引力。一般来说，产品的非使用价值可以从产品的附加价值、文案中的身份和形象、职业匹配度等角度来进行挖掘。例如，对于一款手工制作的木梳，产品文案不仅可以展示其使用价值——"梳头"，还可以强调非使用价值，如适合送礼和具有收藏价值等，激发受众的购买欲望。图5-23所示的某款耳机收纳袋的产品文案很好地展现了其非使用价值——用作挂饰。

精心设计的皮卡丘造型耳机收纳袋，甄选高档牛奶棉，经全手工钩编而成，只需放入耳机盒，即可秒变挂饰。

图5-23　展现产品的非使用价值

6．给予受众保证

网络购物最大的缺点就是受众无法接触实物，如果产品文案能够给予受众某种保证，如该产品可追本溯源、实物和图片完全一致、可无理由退换货等，就容易获得受众的信任，促成交易。图5-24所示的某电热蚊香液的产品文案就直接表示扫一扫即可查看产品的原料、生产日期和生产批次等信息，给予了受众安全的保证。

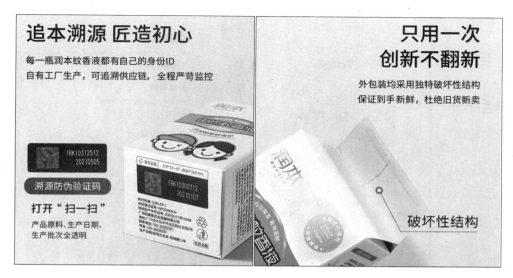

图5-24　给予受众保证

 **职业素养**

　　相关法律规定，企业或品牌应当全面、真实、准确、及时地披露产品或者服务信息，保障受众的知情权和选择权。因此，写作产品文案时，文案人员一定不要虚构交易、编造第三方评价，欺骗、误导受众。切记产品文案的内容一定要真实、可靠。

5.2 品牌文案写作

　　品牌文案是针对品牌文化写作的，用于树立品牌形象、推广品牌产品的一种文案。要写作出具有影响力的、让受众记忆深刻的品牌文案，文案人员首先要了解品牌文化，然后在此基础上进行延伸。

5.2.1　品牌文化的特点、功能和作用

　　品牌文化是指品牌在经营中通过赋予品牌深刻而丰富的文化内涵和逐渐形成的文化积淀。品牌文化体现了鲜明的品牌定位，充分利用各种有效的内外部传播途径促使受众对品牌形成较高的忠诚度，代表着品牌自身的价值观、世界观。

1. 品牌文化的特点

品牌文化的核心是其蕴含的价值内涵和情感诉求。品牌文化的特点主要有以下几点。

（1）差异性

市场中存在无数同质化的产品，但没有相同的品牌和相同的品牌文化。文化的多样性，体现在品牌中，就是品牌文化的差异性。不同的企业拥有不同的品牌文化。例如，同为家电品牌，格力和海尔的品牌文化是不一样的，二者的差异如图5-25所示。

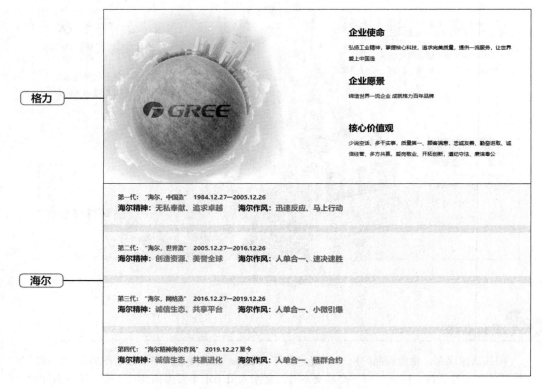

图5-25　品牌文化的差异性

（2）持续性

品牌文化一旦形成，便会有较强的持续性，以稳定的形态长期存在，对品牌的各项经营活动产生潜移默化的影响，不会因个别因素的变化而彻底改变。例如，安踏一直以来以"将超越自我的体育精神融入每个人的生活"作为使命，致力于把运动的理念、运动的精神传递给受众。但需要注意，没有一成不变、一劳永逸的品牌文化，当品牌文化无法促进品牌的发展时，就有必要对它进行优化、调整。

（3）发展性

品牌文化具有稳定性，但并不意味着不会发生变化。在品牌运作和经营的过程中，品牌文化会受到一定的政治、经济和社会环境的影响。一般来说，品牌文化随着时代发展、社会文化的发展会形成新的理念和内涵。例如，快手在品牌升级前更倾向于做生活的"观察者"；升级后，快手的品牌标语由"看见每一种生活"更换为"拥抱每一种生活"（见图5-26），提倡做生活的"参与者"，就体现了品牌文化的发展性。

图5-26　快手的品牌标语

在发展过程中，品牌文化必须与时俱进，不断以新的理念、新的知识、新的技术加以充实和完善。

（4）主观性

一方面，品牌文化的形成离不开创始人、经营者、管理者甚至全体员工的总结、优化和调整，体现了这些人的理念诉求和价值观等，所以通常品牌文化带有主观性。

另一方面，品牌文化在形成过程中还考虑了受众，加入了受众认同的理念和价值观，因此也带有一定的主观性。

 **职业素养**

> 品牌文化是一种"软实力"，品牌信仰和品牌忠诚一旦形成，就会对稳固客户、提升竞争能力起到巨大的推动作用。在国际市场中，品牌文化有利于展示企业的品牌实力，推动企业"走出去"。

2. 品牌文化的功能

品牌文化是一种看不见摸不着的精神动力，一旦形成，就会对品牌的经营管理产生巨大影响和能动作用。总体来说，品牌文化的功能主要如下。

（1）导向功能

品牌文化的导向功能体现在两个方面，一是企业内部，二是企业外部。

- **企业内部**。品牌文化集中反映了员工的共同价值观，代表着企业所追求的目标，因而具有强大的号召力，能够引导员工为实现企业目标而努力奋斗，促进企业健康发展。
- **企业外部**。品牌文化所倡导的价值观、审美观和消费观可以对受众起到引导作用，引导受众理解、认同品牌文化，从而提高受众对品牌的忠诚度。

（2）凝聚功能

在企业内部，品牌文化是团队建设的精神力量，可以从各个方面、各个层次把员工紧密地联系在一起，使其为实现企业的目标和理想而奋力进取。在企业外部，品牌所代表的功能属性、利益认知、价值主张和审美会对有相同认知的受众产生吸引力，像磁石一样吸引受众，从而大大地提高受众对品牌的忠诚度，并形成具有一定凝聚力的粉丝团体。

（3）激励功能

优秀的品牌文化可以促使企业内部形成一种良好的工作氛围，激发企业员工的责任心、荣誉感和进取心。对受众而言，品牌的价值观、利益属性、情感属性等可以创造消费感知，丰富消费联想，激发他们的消费欲望，使他们产生购买动机。因此，品牌文化可以将精神财富转化为物质财富，为企业带来利润。

（4）约束功能。

品牌文化包含一定的规章制度和道德规范，一方面要求企业在生产经营过程中通过这些规章制度和道德规范约束员工的行为；另一方面，还能通过受众的监督，保障产品的服务和质量。

（5）推动功能

品牌文化可以推动品牌的长期发展，使品牌在市场竞争中获得持续的竞争力，也可以帮助品牌克服经营过程中的各种危机，使品牌健康发展。通过品牌文化推动品牌发展是一个长期积

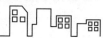
累的过程，一般不会出现立竿见影的效果，因此需要持之以恒地进行品牌文化建设，这样才能获得良好的成效。

专家指导

> 品牌文化可以根据企业的发展、社会经济的发展、受众需求的变化等因素来进行调整，以适应社会不断发展的步伐，满足受众不断变化的需求，保证企业和社会之间不会脱节。

3. 品牌文化的作用

品牌文化由品牌物质文化和品牌精神文化两部分构成，二者分别代表了品牌的有形资产和无形资产。优秀品牌文化的作用主要包括以下几点。

- **提升品牌竞争力和影响力。**品牌文化可以通过精神元素赋予品牌丰富的精神内涵。品牌文化一旦被受众认同，就会将无形的文化价值转化为有形的品牌价值，把精神财富转化成竞争优势，使产品在激烈的市场竞争中保持强大的生命力。

- **提高品牌忠诚度。**受众购买产品，就意味着他不仅选择了产品质量、产品功能和售后服务，也选择了品牌的文化内涵。当使用产品时，受众不仅获得了品牌的使用价值，还能从中受到熏陶与感染，拉近与品牌之间的距离，提升对品牌的忠诚度。例如，小米始终坚持"感动人心、价格厚道"的价值追求，吸引了一大批追求产品性价比的受众。同时，小米传递的"与用户做朋友"的价值理念满足了受众渴望平等交流、双向付出的精神需求，因此积累了数量庞大且忠诚度高的粉丝群体。图5-27所示为小米的品牌文化。

图5-27　小米的品牌文化

- **促进产品销售**。受众一旦对品牌文化感兴趣，就会随之了解品牌所拥有的产品，在需要时优先选择该品牌的产品，从而提高产品的销量。

5.2.2 品牌文案的写作流程

一般来说，常见的品牌文案主要包括品牌标语文案和品牌故事文案两种。其中，品牌标语文案是用来传递有关品牌的描述性或说服性信息的短语，用于对外表达品牌在市场上的态度，突出品牌所提供的产品或服务的独到之处，或是品牌希望对受众许下的具体承诺，便于加强受众对品牌的积极认知；品牌故事文案则是整合品牌发展过程中的产品信息、品牌形象、品牌文化等基本要素，加入时间、地点、人物及相关信息，并以完整的叙事结构或感性诉求信息的形式传播推广的一种故事性文案。

无论是写作品牌标语文案还是写作品牌故事文案，文案人员都可以参照如下流程进行。

1. 搜集与整理资料

文案人员要想写出生动的品牌文案，就必须深入探究与分析品牌本身，了解品牌的定位、文化内涵、诉求、目标受众群体和竞争对手等信息。因此，文案人员首先要做好资料的搜集与整理工作。

2. 提炼并确定主题

主题是指品牌文案的主体和核心，主题的深度往往决定着文案价值的高低。主题源于品牌历史、品牌资源、品牌个性、品牌价值观和品牌愿景等背景，包括基本主题和辅助主题，通常透过品牌名称、品牌标语、品牌故事等进行表达。例如，德芙（Dove）巧克力的品牌名称是英文"DO YOU LOVE ME"的缩写，其含义就蕴藏在德芙巧克力的品牌故事中。该名称借由莱昂和芭莎之间错过的爱情来表达品牌的诞生原因，并传递出"爱他（她），就告诉他（她）"的主题。图5-28所示为德芙的品牌故事文案。

1919 年的春天，卢森堡王室。后厨的帮厨——莱昂整天都在清理碗碟和盘子，双手裂开了好多口子，当他正在用盐水擦洗伤口时，一个女孩走了过来，对他说："你好！很疼吧？"这个女孩就是后来影响莱昂一生的芭莎公主。两个年轻人就这样相遇了。因为芭莎是费利克斯王子的远房亲戚，所以在王室里的地位很低，稀罕的美食——冰激淋，轮不到她品尝。

于是莱昂每天晚上悄悄溜进厨房，为芭莎做冰激淋。芭莎教莱昂英语。情窦初开的甜蜜萦绕着两个年轻人。不过，在那个尊卑分明的保守年代，由于身份和处境的特殊，他们谁都没有说出心里的爱意，默默地将这份感情埋在心底……

20 世纪初，为了使卢森堡在整个欧洲强大起来，卢森堡和比利时订立了盟约，为了巩固两国之间的关系，王室联姻是最好的办法，而被选中联姻的人就是芭莎公主，一连几天，莱昂都看不到芭莎，他心急如焚。终于在一个月后，芭莎出现在餐桌上，然而她整个人看起来异常憔悴。

莱昂在准备甜点时，用热巧克力写了几个英文字母"Dove"——"DO YOU LOVE ME"的英文缩写。他相信芭莎一定猜得到他的心意，然而芭莎发了很久的呆，直到热巧克力融化。几天之后，莱昂离开了王室后厨。

一年后，莱昂离开了王室后厨，带着心中的隐痛，悄然来到了美国的一家高级餐厅。这里的老板非常赏识他，把女儿嫁给了他。时光的流逝，平稳的事业，还有儿子的降生，都没能抚平莱昂心底深处的创伤。他的心事没有逃过妻子的眼睛，她伤心地离开了。莱昂此后一直单身带着儿子，经营着他的糖果店。

而正在此时，莱昂收到了一封来自卢森堡的信，信是一个同在御厨干活的伙伴写给他的，莱昂从信中得知，芭莎曾派人回国四处打听他的消息，希望他能够去探望她，但却得知他去了美国。由于受到第二次世界大战的影响，这封信到莱昂的手里时，已经迟到了一年零三天。莱昂历经千辛万苦终于打听到芭莎的所在。

此时芭莎和莱昂都已经老了，芭莎虚弱地躺在床上，曾经清波荡漾的眼睛变得灰蒙蒙。莱昂扑到她的床边，大颗大颗的泪滴落在她苍白的手背上。芭莎伸出手来轻轻地抚摸莱昂的头发，用微弱到听不清的声音叫着莱昂的名字。芭莎说，当时在卢森堡，她非常爱莱昂，以绝食拒绝联姻，被看守一个月，她深知自己不可能逃脱联姻的命运，何况莱昂从未说过爱她，更没有任何承诺。

在那个年代，她最终只能向命运妥协，离开卢森堡前她想喝一次下午茶，因为她想在那里与莱昂做最后的告别。她吃了他送给她的巧克力冰激淋，却没有看到那些融化的字母。听到这里，莱昂泣不成声，过去的误会终于有了答案。但一切都来得太晚！3 天以后，芭莎离开了人世。莱昂听佣人说，芭莎自从嫁过来之后，终日郁郁寡欢，导致疾病缠身，在得知他离开卢森堡并在美国结婚后，就一病不起。

莱昂感到无限悲凉，如果当年那冰激淋上的热巧克力不融化，如果芭莎明白他的心意，那么她一定会改变主意与他私奔。如果那巧克力是固体，那些字就永远不会融化，他就不会失去最后的机会。莱昂决定制造一种固体巧克力，使其可以保存更久。

经过苦心研制，香醇独特的德芙巧克力终于制成了，每一块巧克力上都被车车刻上 "Dove"。莱昂以此来纪念他和芭莎之间错过的爱情，它苦涩而甜蜜，悲伤而动人，如同德芙的味道。

图5-28 德芙的品牌故事文案

3. 撰写初稿

完成以上两项准备工作后，文案人员就可以开始着手准备品牌文案的写作了。写作品牌文案时，一定要将品牌理念和品牌的各种内在因素展示出来，以便受众轻易地、完整地了解品牌的全部信息。

品牌文案的写作角度并不单一，文案人员可以根据品牌需要呈现的效果来选择品牌文案写作的角度，如从企业的角度、受众的角度、产品的角度等，从不同的角度可以写出不同的品牌文案，如技术的发明或原材料的发现、品牌创建者的某段人生经历、品牌发展过程中所发生的典型故事等。

4. 斟酌、修改文案

文案人员在写作品牌文案的过程中，可能因为语言、逻辑等问题导致表述不流畅，因此在写作过程中需要仔细斟酌用词，选择适合品牌主题且能够表达品牌理念的词语或句子。写作完成后，文案人员还要通读文案并校对，修改文案中的错误，保证文案中没有错别字、语法不通等问题。

5. 定稿

定稿即对品牌文案进行最后一次的校对、审查，完成品牌文案的校对和审查后，就需要在适当的时机传播品牌文案。

5.2.3　品牌标语文案的写作

一般而言，品牌标语文案应该用简单的语句将品牌文化有力地表达出来，给受众留下深刻印象。例如，男装品牌海澜之家的品牌标语文案"海澜之家，创造不平凡"，鸿星尔克的品牌标语文案"TO BE No.1"等。下面介绍一些常用的品牌标语文案的写作技巧。

1. 直接嵌入品牌名称

直接嵌入品牌名称就是将品牌名称（或产品名称）直接放入品牌标语的文案中，如图5-29所示。采用这种方式创作的品牌标语文案，出现在文案中的品牌名称仅表明身份。例如，"农夫山泉有点甜"品牌标语文案中的"农夫山泉"就是其品牌名称，"有点甜"则突出了其矿泉水产品的特点。将品牌名称放入品牌标语文案中，实际上就是直接表明品牌身份，简单明了地告诉受众"我是谁，我的品牌内涵是什么"，让受众能快速记住品牌并加深品牌联想。这样，当受众听到这个品牌标语文案时，就会自然联想到品牌的相关信息，包括产品、品牌形象、品牌价值等。

图5-29　直接嵌入品牌名称

2. 使用语义双关提高意境

语义双关是利用词语或句子的多义性在特定语境中形成双关。语义双关在品牌文案中的使用非常普遍，使用双关的文案语言具有点石成金的效果，能化平淡为有趣。巧妙应用双关来写作品牌标语文案，能够生动形象地传递品牌文化，给受众留下非常深刻的印象。采用语义双关的方法写作品牌标语文案，主要有以下两种方式。

① 文案中嵌入具有双关含义的品牌名称。把具有双关含义的品牌名称嵌入文案中不仅能够凸显品牌文化及其产品，还可以将其作为关键词奠定整篇文案的情感基调。在写作过程中，文案人员应着重利用品牌名称的延伸含义来传递品牌的精神内涵。图5-30所示的美的的品牌标语文案"智慧生活可以更美的"就采用了语义双关的方法。该文案中的"美的"既是品牌的名称，还有"美好"的意思，一词两意，将美的电器与美好挂钩，向受众传递了"美的电器可以成就美好生活"的理念。

图5-30　使用语义双关提高意境

② 文案中没有嵌入品牌名称，但使用了双关语；或者除品牌名称外，其他文字内容也使用了双关语。例如，小鸭洗衣机的品牌标语文案"小鸭，小鸭，顶呱呱"，"呱呱"一指小鸭的叫声，二指产品非常好。该标语不仅突出了小鸭洗衣机的产品质量，还使小鸭洗衣机的品牌形象化、生动化。

3. 从产品卖点入手

在写作品牌标语文案时，文案人员可以从产品卖点入手，找到与其他产品具有差异性或优势的核心卖点，如新材质、新技术、独家工艺、独特秘方等，然后通过文字的阐述与概念的引导，最终形成独特的品牌标语文案。采用这种方式创作出的品牌标语文案不仅能体现产品的特点、功能、服务对象，还能加深受众对品牌的印象，使品牌具有明显的竞争优势。例如，统一旗下的茄皇方便面的品牌标语文案"1颗新疆番茄，1碗阳光茄皇"，就是从优质的原料——新疆番茄入手写作的，如图5-31所示。

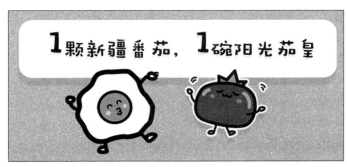

图5-31　从产品卖点入手

4. 场景化塑造

场景化塑造是指塑造产品的使用场景。例如，正式的社交场合适合穿西装或礼服，而日常休闲的时候适合穿休闲装；又如日常串门时，适合带一些休闲零食，而在节假日拜访亲朋好友时，则带一些贵重或特别的物品较好。文案人员在写作产品的场景化文案时，应该清楚地了解受众使用产品的场景，分析场景背后所包含的主要因素（场合、对象、时间、心理活动、目的等），然后提炼出该场景下的主题（庆祝节日、乔迁之喜、宴请等），并结合品牌的定位与理念，用适合的文字进行描述。

例如，山楂饮料品牌消时乐的品牌标语文案"小撑小胀，消时乐""大鱼大肉，消时乐"，通过塑造场景"小撑小胀""大鱼大肉"，表述消时乐的功效，使整个标语生动起来，既让受众知晓了饮料的功效特点，又加深了受众对品牌的印象。

专家指导

品牌标语文案不是一成不变的。根据品牌定位、品牌发展战略的不同，品牌标语文案在不同阶段会有所变化。例如，男装品牌海澜之家初期的品牌标语文案为"海澜之家 男人的衣柜"，"男人的衣柜"既强调品牌的目标受众为男士，又强调其能够为男性提供多样的服饰。品牌升级后，其品牌标语文案变更为"海澜之家 创造不平凡"，在强调品牌的基础上，将品牌价值和受众希望"不平凡"的需求紧密地联系在一起。

5.2.4 品牌故事文案的写作

一个生动的品牌故事可以引起受众对产品的共鸣及对品牌文化的深切认同。目前很多品牌都在官方网站呈现了品牌故事，展示建立品牌的经历、品牌的理念和品牌文化的塑造过程等信息，由此可见品牌故事文案的重要性。要想写出一个好的品牌故事文案，文案人员必须掌握品牌故事文案的相关知识，下面进行具体介绍。

1. 品牌故事文案的类型

文案人员无论选择写作哪种类型的品牌故事，都应根据自身条件和品牌特性找到能引起受众共鸣的地方，写出能打动受众内心的内容。一般来说，品牌故事文案包括以下5种类型。

（1）历史型

讲述品牌的历史故事，是写作品牌故事文案的常用方式。存在时间的长短有时也是评判品牌优劣的标准之一，在大浪淘沙的漫长岁月中，只有优秀的品牌才能幸存下来，并做到历久弥新。历史型品牌故事文案主要通过展示品牌发展过程，表明品牌经得起时间和受众的检验。这类品牌故事文案一般包括如下内容。

- 品牌发展过程中所经历的困难。
- 品牌发展中发生的感人故事。
- 品牌发展的各个阶段的关键举措。
- 品牌所取得的成绩和获得的荣誉等。

历史型品牌故事文案常用于老品牌，容易使受众对品牌产生敬意与好感。例如，五芳斋的品牌故事文案就是典型的历史型品牌故事文案，如图5-32所示。

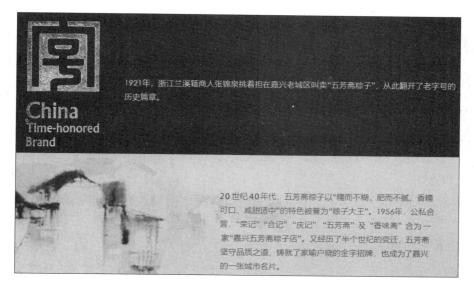

1921年，浙江兰溪籍商人张锦泉挑着担在嘉兴老城区叫卖"五芳斋粽子"，从此翻开了老字号的历史篇章。

20世纪40年代，五芳斋粽子以"糯而不糊、肥而不腻、香糯可口、咸甜适中"的特色被誉为"粽子大王"。1956年，公私合营，"荣记""合记""庆记""五芳斋"及"香味斋"合为一家"嘉兴五芳斋粽子店"。又经历了半个世纪的变迁，五芳斋坚守品质之道，铸就了家喻户晓的金字招牌，也成为了嘉兴的一张城市名片。

图5-32　历史型品牌故事文案

当然，并不是所有品牌都拥有悠久的历史，新成立的品牌也可以写作历史型的品牌故事。若新品牌的产品拥有一定的历史故事，如某历史人物对某产品情有独钟，那么文案人员在为该品牌写作品牌故事文案时，也可将这种关联作为切入点。

（2）传说型

通过传说故事或神话故事表现品牌特征的品牌故事文案就是传说型品牌故事文案。这里的故事可以是流传至今的故事，也可以是文案人员编撰加工的故事。例如，潘多拉珠宝的品牌故事就改编自潘多拉魔盒的神话故事，生动展示了品牌的文化内涵，象征着永远对希望与光明的追逐。以下为潘多拉珠宝的品牌故事文案大意。

> 潘多拉珠宝的品牌灵感源于希腊神话。普罗米修斯偷了天上的神火给凡间，宙斯为了报复普罗米修斯，命令火神赫淮斯托斯创造了一个女子潘多拉，并让诸神慷慨赠予潘多拉可以轻易诱惑凡人的东西。
>
> 智慧女神雅典娜给了潘多拉华美的服饰，爱神阿佛洛狄忒赋予潘多拉美貌，魅力女神们把赫淮斯托斯创造的一条项链送给了潘多拉。宙斯给了潘多拉一个盒子，可是不准她打开，然后把她送到了人间。潘多拉有着强烈的好奇心，她最终没能经受住诱惑，打开了盒子。当她往盒子里看的时候，所有的疾病、痛苦等都从盒子里逃出来了。幸好，最后盒子里还有一个美好的精灵，代表着希望和机遇。所以，潘多拉珠宝也就代表着幸运和希望。

（3）人物型

人物型故事文案是非常重要的品牌文案故事的类型之一。这里的人物主要包括两种，一种是指品牌的创始人，另一种是指品牌的管理人员或普通员工。例如，湾仔码头的品牌故事文案就是典型的人物型故事文案，具体如下。

> 19世纪70年代，臧姑娘身无分文地来到香港，为了抚养年幼的女儿，臧姑娘开始在湾仔码头卖水饺。为了保证每一只水饺都新鲜美味，臧姑娘不仅采用世代相传的秘制配方，还坚持使用经过检验的蔬菜、前腿猪肉、纯天然小麦，搭配传统手艺的3道压纹，保留食材的原汁原味。美味高品质的水饺为臧姑娘赢得了"水饺皇后"的美誉，而她创立的"湾仔码头"更成为当地家喻户晓的品牌。

（4）卖点型

卖点型品牌故事文案主要在品牌故事中凸显优越产地、独特原料、核心技术等产品卖点。例如，如下所示为某品牌茶叶的品牌故事文案的部分内容，该文案讲述了茶树的种植方法，突出了茶叶品质好的卖点。

> 春节刚过，老姚的茶园里就有人开始忙活，技术人员覆土、除草，为春茶采摘做准备。这些年，国家倡导绿色发展，茶叶产业是典型的绿色产业。云南省八大绿色产业中，茶叶产业也排首位。老姚把"生态+产业"作为公司定位，目标是实现生态与产业"双赢"。老姚说："我们的茶树不用除草剂、不施肥！客户基本是回头客。这几年虽然茶叶产量增加不多，但通过生态种植的方式，茶叶的品质更好，买的人也越来越多了。"

（5）理念型

理念型故事文案以品牌理念、品牌风格和品牌定位为传播内容。理念型故事文案适合走差异化路线的品牌，受众只要熟知该品牌的理念、风格或定位，看到该类文案，就会马上联想到这个品牌。图5-33所示为某彩妆品牌的理念型品牌故事文案。

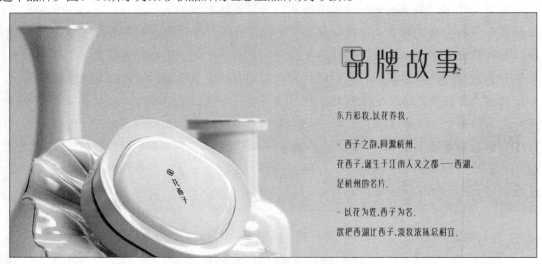

图5-33　某彩妆品牌的理念型品牌故事文案

2. 品牌故事文案的构成要素

故事就是用语言艺术反映生活、表达思想感情。品牌故事文案要么寓意深刻，要么人物典型或情节感人，总之就是要给受众留下深刻的印象。品牌故事文案一般包括背景、主题、细节和结局等要素，通过文字将这些要素生动地描写出来，是写作品牌故事文案的关键。

（1）背景

背景是指故事发生的有关情况，包括故事的时间、地点、人物、事件、起因等。需要注意的是，背景的介绍并不需要面面俱到，其重点是故事的独特起因，如下所示。

> 1789年，一位患了肾结石的法国人在寻访名医到达阿尔卑斯山脚下时，由于长途跋涉，十分口渴，便命令仆人去附近的农家取些水喝……
>
> 从前，有一个老农，一直守着一块盐碱地。春耕、夏种、秋收、冬藏，寒来暑往，日复一日。这块地没人愿意……

（2）主题

主题的深度往往决定了故事价值的高低。文案人员需要将主题融合在人物形象、情节布局、环境描写中。一般来说，文案人员可以通过以下途径来表达主题。

- **人物**。人物是故事主题的重要承载者，人物形象的塑造可以很好地反映故事所要表达的主题，揭示某种思想或主张。
- **情节**。情节在故事中起着穿针引线的作用，可以将故事的开始、发展和结束串联起来，从而形成一个完整、生动的故事。情节的展开推动着故事的发展，便于吸引受众。
- **环境**。描写社会环境或自然环境可以起到交代故事发生地点、渲染气氛、烘托人物情感、深化主题等作用。
- **抒情语句**。故事一般不会直白地表达主题，文案人员可以通过一些抒情性的语句来表现故事的主题，如某美容品牌就以"从来不只有一种，不做别人规定的样子"的语句来表现"做自信美丽的自己"的主题。

（3）细节

细节描写就是对生活中细微的典型情节加以生动细致的描绘，使故事情节更加生动、形象和真实。细节一般是精心设置和安排的，是不可随意取代的部分，恰到好处的细节描写能够起到烘托气氛、刻画人物性格和揭示主题的作用。常见的细节描写方法有语言描写、动作描写、心理描写和肖像描写等，不管采用哪种方法，设置的细节应具有代表性、概括性，能深刻反映主题，从而给受众留下深刻的印象。

图5-34所示为蔚来汽车品牌在新年时发布的《那路》视频式品牌故事文案的片段，文案人员在该品牌故事文案中进行了大量的细节刻画，使故事更加生动、立体、充满生活气息，增强了故事的可信度，该文案的部分内容如下所示。

图5-34　蔚来汽车品牌在新年时发布的《那路》视频式品牌故事文案的片段

从小家里穷　　　　火腿只能过年吃
或者饿哭的时候　外婆偷偷喂我吃
"好棒呀　我家小苹果乖崽　还是蛮喜欢吃火腿的嘛"
每年过年回外婆家　　　　　　　只记得一路上好饿
和……那一条好长好长的路
"不哭啊　外婆做的火腿　顶个香""还有好远""快点走　马上就到了　翻过这道山、那道山就到了"

（4）结局

故事一般都有结局，告诉受众故事的结果能够加深他们对故事的了解和体会，有利于故事在他们心中留下印象。例如，德芙巧克力品牌故事的结局是莱昂和芭莎在年老时终于见面，但由于芭莎疾病缠身，两人相聚不过3日便天各一方。为了纪念他们错过的爱情，莱昂研制了一种固体的、不容易融化的香醇巧克力，并在每块巧克力上刻上"Dove"，这样的结局有利于加深受众对德芙巧克力品牌文化的了解。

专家指导

　　有些故事的结尾还有点评。文案人员可以在品牌故事的结尾添加点评，以进一步揭示故事主题。这部分内容尽量根据故事内容就事论事、有感而发，引起受众的共鸣和思考。

3. 品牌故事文案的写作技巧

优秀的品牌故事文案可以塑造良好的品牌形象，展示核心品牌文化，达到非常棒的宣传效果。但是，要创作出好的品牌故事文案并不简单，文案人员可以运用以下技巧来写作品牌故事文案。

（1）揭示人物心理

人物的行为是故事的表面现象，人物的心理才是故事发展的内在依据。揭示人物心理即描写人物内心的思想活动，其目的是表现人物丰富而复杂的思想感情，让故事更加生动形象和真实，并传递品牌理念。文案人员可通过内心独白、动作暗示、情景烘托揭示人物心理。

① 内心独白。内心独白是一种常用的揭示人物心理的描写方法，以第一人称描述为主，是展现人物内心情感、心理活动的重要手段。图5-35所示为某食品品牌的品牌故事文案截图，其就是用拟人的手法，以内心独白的形式讲述了一粒米变成一个粽子的故事，展现了该品牌产品优质的原材料。

图5-35　某食品品牌的品牌故事文案截图

② 动作暗示。除内心独白外，文案人员还可以通过恰当的动作暗示来传达人物的心理活动。图5-36所示为喜马拉雅9周年时发布的品牌故事文案，该文案讲述了工作忙碌的儿子与父亲之间的小故事，用挂电话、分享喜马拉雅App的节目等动作暗示人物烦躁、愧疚的心理。

图5-36　喜马拉雅9周年时发布的品牌故事文案

另外，在以下品牌故事文案中，"耸耸肩"就属于动作暗示，很好地传达了人物尴尬的心理。

乔治·布雷斯代看到一个朋友笨拙地使用一个廉价的奥地利打火机后，为了掩饰内心的尴尬，他耸了耸肩，对朋友说："它很实用！"事后布雷斯代发明了一个设计简单且不受气压或低温影响的打火机，并将其命名为"Zippo"，这是取当时另一项伟大的发明——拉链（Zipper）的谐音，以"它很实用"为宗旨而命名的。

③ 情景烘托。情景烘托是品牌故事文案中不可缺少的部分，情景是对人物心理的真实反映，不仅可以很好地反映故事的主题，还能增添故事的美感，如以下案例所示。

> 1961年1月12日，士兵安东尼的左胸口受到枪击，子弹正中他置于左胸口袋的Zippo打火机，虽然打火机机身一处被撞凹了，但却保住了安东尼的命。战后，虽然Zippo公司期望他能将打火机送修，但安东尼却视它为自己的救命恩人，不仅慎重收藏，更希望永久保存它那受伤的机身。

（2）满足受众需求

不同的受众喜欢的品牌故事不同，如中老年受众一般偏爱有历史积淀的品牌故事，而年轻人喜欢新奇、有个性的品牌故事。品牌应尽可能地了解受众的需求，然后根据其需求来创作品牌故事文案，这样才能更好地激发受众的兴趣，实现品牌故事文案的写作目标。

图5-37所示为美的发布的满足受众需求的品牌故事文案片段，该文案先讲述了两个小孩在森林里发现了"怪物"巨猫的脚印，随后与巨猫战斗并用智慧驯服巨猫的故事。由于当时正值儿童节，为了吸引儿童及其父母的眼光，美的采用了童话故事的形式来写作品牌故事文案，这也正好满足了儿童喜欢观看动画片的需求。

有两位勇士

图5-37　美的发布的满足受众需求的品牌故事文案片段

> 很久很久以前　　　　　　在森林的深处
> 有两位勇士　　　　　　　在丛林中结伴而行
> 勇士察觉到森林似乎隐藏着　　　　　不一般的东西
> 此时身后　　　传来惊天动地的叫声

（3）增强故事的代入感

写作品牌故事文案需要通过品牌故事向受众传递某种情绪或观念，让受众感受到品牌的精神和思想。简单来说，就是通过品牌故事让受众对品牌故事中的角色产生代入感，融入品牌故事的场景中。图5-38所示为洁柔发布的题为《纸婚》的品牌故事文案片段。一般来说，亲情和爱情很容易引起受众共鸣，因此洁柔围绕"纸婚"这一主题寻找受众的情感痛点，讲述了一个"看似脆弱实则柔韧"的纸婚故事。在品牌故事文案中，洁柔用"纸戒指"帮助主角回忆婚姻中争吵和甜蜜的瞬间，让受众产生代入感，融入品牌故事的场景中，成功凸显洁柔纸巾柔韧的特点。

图5-38　洁柔发布的题为《纸婚》的品牌故事文案片段

（4）打造故事亮点

为了体现品牌的个性，文案人员需要打造故事亮点，展现品牌故事文案的特色。例如，很多饮食类的品牌故事文案围绕家和亲情展开，这时如果从不同寻常的角度切入、使用不一样的表现方式，就可以形成故事亮点，进而吸引受众的注意。同样，跳出创业故事的局限，将故事的主角从产品变成受众，从受众的角度来讲述品牌故事，也是一种亮点。

图5-39所示为某金融品牌有亮点的品牌故事。与其他金融品牌侧重于宣传产品功能不同，该品牌通过24个不同城市的24个人的故事，展示了不同职业的人不一样的人生，从普通人的角度来诠释了该金融品牌"便利每一个人的生活"的理念。通过该品牌故事文案，受众感同身受，更容易对品牌产生深刻印象。

图5-39　某金融品牌有亮点的品牌故事

本章实训

1. 写作产品文案

一篇详细、美观的产品文案可以很好地宣传产品，促进产品的销售。本次实训将为某款茶叶写作一篇产品文案，以帮助读者巩固产品文案的相关知识。

【实训背景】

我国是茶树的原产地。中国茶业兴起于巴蜀，而后逐渐扩散到全国，成为中华民族之国粹。我国茶文化在唐代传至日本、朝鲜，16世纪后传入西方国家。茶叶是古代海陆"丝绸之路"上的重要产品。发展至今，茶叶和茶文化将继续扮演连接"一带一路"沿线国家和地区交流合作的桥梁和纽带。

周晓是湖北恩施的一名茶叶生产户，近来春茶纷纷上市，他的茶厂也快完成富硒茶的生产工作了，于是他准备让文案人员小文写作一篇产品文案上传到他们的淘宝网店。

【实训要求】

本实训的具体要求如下。

① 按照产品文案的写作步骤写作产品文案。

② 写出能调动受众情感的产品文案，以吸引受众购买。

③ 在产品文案中加入第三方评价。

【实施过程】

根据实训要求，本实训的实施过程分为以下3个部分。

（1）了解产品

为了了解产品，小文参观了茶叶的种植、采摘、制作、装袋等全过程，详细了解了茶厂生产的富硒茶。为了完成后续产品文案的写作，小文详细整理了富硒茶的特点，具体如下。

- 种植于恩施西南部，种植地气候温和，土壤中富含硒元素，被农业农村部和湖北省人民政府确定为优势茶叶区域。
- 干茶很紧实、微卷，条索细润，颜色非常绿。
- 泡出来的茶非常香，尝起来味道非常醇和、有回甜，茶汤是绿色且透亮的。
- 泡开的茶叶非常完整，看起来非常嫩。
- 采摘时间在清明节前，保质期为540天，需密封、避光保存。
- 冲泡方法非常简单，用85℃～90℃的水冲泡3～5分钟即可。
- 采用密封袋包装，包装大气、美观，一袋100克，每袋39.9元。
- 老茶师手工制作，茶叶都是经过精挑细选的。
- 饮用富硒茶后，胃不反酸。

另外，小文还拍摄了茶叶的全貌、细节、种植地、冲泡后的茶叶和茶汤、冲泡方法等，并整理了来自受众的第三方评价。图5-40所示为富硒茶相关图片（配套资源：\素材\第5章\富硒茶\）。

茶叶口感纯正，喝后齿留余香，从做工到试喝来看，绝对是一个良心商家，等我这次喝完了，还会继续再买

图5-40　富硒茶相关图片

（2）提炼产品卖点

整理了富硒茶的相关信息后，小文决定利用FAB法则提炼产品卖点，具体内容如表5-2所示。

表5-2　利用FAB法则提炼产品卖点

组成	产品卖点
属性（Feature）	色泽鲜绿、汤色透亮、回甘悠长、芽嫩味美、包装简约大气、传统手工采摘、匠心制作、富含硒元素
作用（Advantage）	保质期长、绿色安全、冲泡简单
益处（Benefit）	品质保障、增强免疫力、健康实惠

（3）展示产品卖点

提炼出产品卖点后，为了更好地展示产品卖点，小文决定从产品品质、产品功能等方面来展现产品卖点。为了调动受众的情感，她还在产品文案中加入了一些暖心话语。表5-3所示为产品文案的部分文字内容。

表5-3　产品文案的部分文字内容

组成部分	文字内容
产品种植地	来自硒资源丰富的恩施，天然富硒土壤，朝夕云雾袅袅
产品特点	干茶特点：干茶条索紧实圆润，色泽苍翠美观 茶汤特点：汤色清澈透亮，茶香扑鼻
口感	入口鲜爽回甘，清香与嫩香交织，回甘生津明显且悠长
冲泡方法	沸水冷却至85℃~90℃后冲泡3~5分钟即可饮用
储存方法	密封放置于干燥的地方，最好放在冰箱保鲜室内

小文要添加在产品文案中的暖心话语如下。

> 小时候，妈妈常带着我去茶园采茶，调皮的我渴了以后总会吵着要喝妈妈泡的茶。妈妈总是会用一个大瓷缸给我泡富硒茶，富硒茶对我而言是妈妈的味道。用真心，做好茶。闲暇之余，希望大家能和父母、朋友一起品尝我们的富硒茶，享受幸福、温馨的美好时光。

图5-41所示为设计完成后的产品文案的部分内容。

图5-41　设计完成后的产品文案的部分内容

2. 写作品牌故事文案

品牌故事文案可以帮助品牌提升形象，甚至促进产品的销售。本次实训将继续为该茶叶写作一篇品牌故事文案，以帮助读者巩固品牌故事文案的相关知识。

【实训背景】

恩施由于具有独特的地势、肥沃的土壤及得天独厚的气候等优势，孕育出了具有多样价值的恩施富硒茶。恩施富硒茶在不断发展，时至今日，市场上对于恩施富硒茶的需求也越来越大，茶叶经济也成了当地农业经济的重要组成部分。

上新的茶叶经过一段时间的销售，获得了很多受众的喜爱。为了增强受众的信任感，周晓为其生产的富硒茶创建了一个名为"初欣"的品牌。"初欣"取自谐音"初心"，"欣"也有欣欣向荣之意，意蕴不忘初心、砥砺前行。鉴于"初欣"品牌在互联网上没有太大名气，周晓决定让小文设计一篇品牌故事文案来宣传"初欣"。

在小文看来，围绕创始人周晓的"匠心精神"来设计品牌故事有利树立品牌形象，除此之外，还可以赋予"初欣"更多的品牌调性与价值。因此她决定写作一篇人物型品牌故事文案。

【实训要求】

本实训的具体要求如下。

① 围绕"精选好料、匠心制茶"的调性写作品牌故事文案。

② 按照品牌故事文案的写作流程来写作。

③ 综合品牌故事文案的写作技巧进行写作。

【实施过程】

根据实训要求，本实训的实施过程分为以下5个部分。

（1）搜集与整理资料

小文首先找到"初欣"创始人周晓，向他了解了他的创业经历，具体内容如下。

周晓，男，湖北恩施人，生于1973年，1995年毕业于武汉科技大学微生物发酵工程专业。从小，周晓便对制茶有着执着的追求，幼时便跟着长辈们种茶、采茶，甚至参与制茶的过程。2002年，周晓为了能让更多的人喝到富硒茶、把当地的特产推出去、促进当地经济的发展，他凭借对当地富硒茶的了解和对茶质品鉴、茶艺茶道的感悟，决定培植恩施富硒茶。为了获得发展，他辞职后承包了一间厂房，用外出所学的现代餐饮管理知识和茶文化知识来运营，为恩施本地的餐饮文化和茶文化融合发展带来了生机。从此，他成为将茶融入生命的茶人，走上了匠心茶人之路。为了寻找原生态茶叶，他一头扎进了恩施各个产茶地。后来他又从各个产茶地请教了多名老茶师并与各个产茶地展开了合作。在创业的过程中，周晓自己晒茶、炒茶、制茶，一边动手，一边记录各种数据。每一道茶制好出锅，周晓都要先试喝。经过整整一年的反复摸索，周晓终于敲定了富硒茶的味道并确认了制作方法。最终富硒茶通过了质检部门的认证，开始上市。

为了把茶叶做得更好，周晓经常会到全国有名的茶厂学习，还考取了高级茶艺师和高级评茶员两项职业资格。在周晓看来，做茶就像做人一样，一方面要坚持，另一方面

是要认真和真诚。为了带领乡亲们实现共同富裕，周晓又在恩施某地承包了800余亩茶园、3000余亩山地，规模建设富硒绿茶基地。

另外，小文还拍摄了多张周晓在茶厂制茶、试茶的工作照片，与"精选好料、匠心制茶"的调性相呼应。

（2）提炼并确定主题

小文在详细阅读了整理的资料后，认为周晓的"匠心精神"就是品牌故事文案的主题，于是将"不忘初心，不改匠心"作为品牌故事文案的主题。

（3）撰写初稿

小文根据周晓的创业经历写作文案初稿，文案构成要素内容如下。

- **创业背景**。为了能让更多的受众喝到富硒茶、把当地的特产推出去、促进当地经济的发展，周晓决定培植恩施富硒茶。
- **创业主题**。不忘初心，不改匠心。
- **创业细节**。在创业过程中，周晓自己晒茶、炒茶、制茶、试茶；精心研究茶的味道，不断学习；精心挑选茶叶，做高品质茶叶等。
- **创业结果**。敲定了富硒茶的味道并确认了制作方法，富硒茶通过了质检部门的认证，开始上市。

（4）斟酌、修改稿件

小文发现她写作出来的品牌故事文案稍显生硬。为了让文案更加生动、有吸引力，小文决定在文案中适当强调故事细节，并融入周晓在创办品牌时的真诚之心，彰显品牌对产品品质的重视。

（5）定稿

最后，小文完成了品牌故事文案的写作，详细内容如下。

周晓是一个土生土长的恩施人，他从小便有制茶的梦想。2002年，为了能让更多的人喝到富硒茶，并促进当地经济的发展，周晓辞职后开始走上了创业之路。

在周晓看来，做茶和做人一样，不仅要坚持，还要怀着认真、真诚之心。为了寻找原生态茶叶，他一头扎进了恩施各个产茶地，自己晒茶、炒茶、制茶、试茶，经过整整一年的反复摸索，终于敲定了富硒茶的味道并确认了制作方法。

在周晓心里，只有真材实料才能做出真心真意的美味。如今，在周晓的茶厂里，经常出现周晓指导茶农和员工挑茶、做茶、品茶的身影。他一直按照高质量、高标准来做茶、卖茶。不忘初心，不改匠心，这就是周晓，这就是"初欣"。

拓展延伸

产品文案是新媒体文案的重要类型，一篇优秀的产品文案有助于产品订单量的增加。下面将对产品文案的写作进行拓展讲解，以帮助文案人员写出转化率更高的产品文案。

1. 写作产品文案时，如何更好地提炼产品卖点？

文案人员可以通过以下3种方法提炼产品卖点。

- **围绕产品特征提炼卖点。** 产品特征是支撑整个产品的支柱，据此来提炼卖点能让受众感受到产品真正的使用价值，让受众产生购买信心。例如，橙子在产品特征上的卖点为个头大、皮薄、水分足、味甜等。

- **围绕产品利益提炼卖点。** 与利益相关的点是受众关注的点，也是解决受众痛点的关键点。无论产品有多少个亮点，如果受众不感兴趣，或者亮点不能解决受众的痛点，亮点便无法变成卖点。

- **围绕产品前后端信息提炼卖点。** 围绕产品前后端信息提炼出来的卖点更易让受众放心。文案人员可根据产品场地、服务与品牌情怀等前后端信息提炼卖点。例如，某橙子的相关卖点为"无病毒优质出口产品""快递驻扎果园，现摘现发，新鲜直达"等。

2. 如何利用九宫格思考法提炼产品卖点？

九宫格思考法也可以用来提炼产品卖点，具体操作步骤为将核心卖点写在图的中央，然后把由核心卖点所引发的各种想法或联想写在其余的格子中，让思维向剩余的8个方向发散。图5-42所示为某款保暖羽绒服利用九宫格思考法提炼的产品卖点。

熊耳朵	熊拉链	熊熊刺绣	记忆面料	可擦	抗污	防绒布料	压线工艺	不掉色
帽子图案	卡通	可爱	手感舒适	防水	不吸水	多层里布	防钻绒	有内衬
口袋图案	袖口图案	天真	防水面料	顺滑	耐脏	3线12针	针线精准	无针孔
透气好	易压缩	含绒量高	卡通	防水	防钻绒	配毛衣	个性设计	百搭
手工填充	轻柔	告别臃肿	轻柔	熊熊儿童保暖羽绒服	时尚潮搭	牛仔裤	时尚潮搭	冬装
走线防绒	易携带	修身剪裁	保暖	易穿戴	易清洗	羽绒裤	颜色多样	新款
鸭腹绒毛	大朵绒毛	蓬松度800+	可拆卸	防夹拉链	下摆收腰	可机洗	帽子可拆卸	防油污
随气温收缩膨胀	保暖	9%含绒量	隐形松紧袖口	易穿戴	弹力衣角	可熨烫	易清洗	可使用毛刷
可调温	隔绝冷空气	挡风暗扣	拆卸轻松	拉链设计	有内衬	不易皱	不变形	好晾晒

图5-42　某款保暖羽绒服利用九宫格思考法提炼的产品卖点

📖 课后练习 ● ● ● ● ●

探索浩瀚宇宙，发展航天事业，建设航天强国，是中国人共同的梦想。航天是当今世界最具挑战性的技术领域之一，是推动国家科技进步的强大引擎。多年来，中国航天人为载人航天事业取得的系列进展付出了无数辛劳和汗水，形成了"特别能吃苦、特别能战斗、特别能攻关、特别能奉献"的载人航天精神。

"航宝"是一个积木品牌，主营航天系列的积木销售。航天积木不仅可以锻炼受众的动手能力，还能向受众普及航天技术、航天应用、航天热点事件等知识，增加受众对航空航天基础知识的了解，激发受众对航空航天的兴趣，为培养科技人才埋下种子。临近国庆节，"航宝"准备为主推产品写作一篇产品文案，请同学们根据以下步骤为其写作一篇吸引力强的产品文案。图5-43所示为"航宝"主推产品——航天飞机发射中心模型的产品图片。

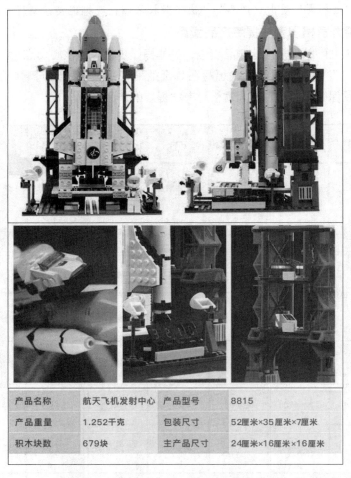

产品名称	航天飞机发射中心	产品型号	8815
产品重量	1.252千克	包装尺寸	52厘米×35厘米×7厘米
积木块数	679块	主产品尺寸	24厘米×16厘米×16厘米

图5-43 "航宝"主推产品——航天飞机发射中心模型的产品图片

（1）了解产品

这款产品是航天飞机发射中心模型，同学们可以了解我国的航天飞机发射中心，了解该产品的各个组成部分、重量、积木块数、尺寸。

产品详细说明： _____

_____

_____

_____

（2）提炼产品卖点

请同学们使用要点延伸法提炼该产品的卖点，把提炼的卖点填写在下方的横线上。

卖点1： _____

延伸： _____

_____

卖点2： _____

延伸： _____

_____

卖点3： _____

延伸： _____

_____

（3）展示产品卖点

请同学们按照所学方法展示产品卖点，并运用写作技巧来写作产品文案，然后把产品文案写在下方的横线上。

_____

_____

_____

_____

_____

_____

_____

_____

_____

_____

_____

_____

_____

第6章 新媒体平台中的文案写作

微信、微博、今日头条等都是较为常见的新媒体平台，文案人员可以将新媒体文案发布在这些平台中，以达到宣传的目的。本章将分别从微信文案写作、微博文案写作、今日头条文案写作和社群文案写作4个方面介绍新媒体平台中的文案写作。

学习目标

- 掌握微信朋友圈文案和微信公众号文案的写作方法。
- 掌握微博文案的写作方法，并能采用一些推广技巧传播文案。
- 掌握今日头条文案的写作方法。
- 掌握社群文案的写作方法。

素养目标

- 保证文案的真实、公平、公正，做到诚实守信。
- 在社群中发布健康、真实的信息，规范网络舆论传播秩序和网络行为。

案例导入

娃哈哈是我国著名的食品饮料品牌，2022年2月22日，十大"国品之光"品牌公布，娃哈哈榜上有名。自成立以来，娃哈哈始终严控产品质量，构建了食品安全风险评估和质量追溯体系，始终坚持"先以诚信施之于人，才得以取信于人"。

如今，品质化、健康化、个性化已成为消费新趋势，娃哈哈也顺应该趋势，从"安全"转向"健康"，其在新媒体平台中发布的文案就体现了这一点。图6-1所示为娃哈哈官方微博账号发布的微博文案，其中"迎接时代新亚运，赢在健康快乐"就体现了娃哈哈的"健康"主张。

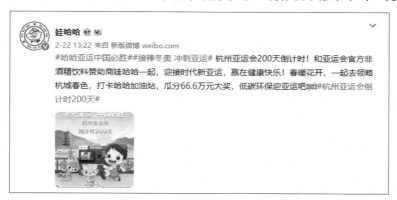

图6-1　娃哈哈官方微博账号发布的微博文案

除了微博文案，娃哈哈在微信公众号中发布的文案也强调了健康。图6-2所示为娃哈哈发布的微信公众号文案片段，其中，"营养健康""解渴生津"等就体现了健康理念。

图6-2　娃哈哈发布的微信公众号文案片段

作为知名老品牌，娃哈哈的影响力是巨大的。为了持续获得受众的喜爱，娃哈哈跟随时代的潮流，在新媒体平台中开展营销，利用微信文案、微博文案等宣传其新主张，并尝试多种新玩法，探索新的发展机遇。

① 娃哈哈发布的微信公众号文案和微博文案有什么作用？

② 娃哈哈是如何利用微信公众号文案和微博文案传递"健康"理念的？

6.1 微信文案写作

微信是新媒体营销的重要平台，具有受众数量多、黏性强、使用频率高等特点，能够为营销提供更多的可能性，是大多数企业或品牌常用的营销平台之一。在微信营销中，文案的作用不容小觑。

6.1.1 认识微信文案

微信文案即在微信中发布的文案，是一种比较常见的文案。下面从微信文案的特点和表现形式两个方面进行详细介绍。

1. 微信文案的特点

总体来说，微信平台上的新媒体文案具有生活化、网络化、多样化、渠道化的特点。

- **生活化**。生活化即微信文案常以受众的需求为主，贴近受众的实际生活，以生活中常见的情景、氛围等展现受众关注的内容，以快速吸引受众注意。

- **网络化**。网络化即在创作微信文案时，文案人员常使用网络语言，以丰富文案内容，使文案更加幽默风趣，更贴近受众的阅读习惯，便于受众阅读。

- **多样化**。多样化即微信文案拥有文字、图片、音频、视频等多种表现形式，可以为受众传递更多且更便于理解的内容。

- **渠道化**。渠道化即微信文案可以借助微信平台建立自身渠道，以及扩展外部渠道。其中，自身渠道包括微信好友、微信群、朋友圈、微信公众号等，借助这些渠道，微信文案可以实现推广产品、宣传企业文化等目的。外部渠道指以微信为中心，与外部关联的渠道，如QQ、微博等，借助这些渠道，微信文案可以扩大影响力，吸引更多受众的关注。

2. 微信文案的表现形式

微信文案主要有两种表现形式，分别是微信朋友圈文案和微信公众号文案。

（1）微信朋友圈文案

朋友圈是微信的主要功能之一，受众可以在朋友圈中分享生活趣事、热点事件、个人感悟和实用小知识等内容。由于朋友圈拥有巨大的流量，因此很多企业或品牌也会注册微信号并发布微信朋友圈文案来进行推广，如图6-3所示。如此一来，朋友圈既可以扮演企业或品牌与受众之间的信息中介的角色，也可以塑造出更具有亲和力的品牌形象，拉近企业或品牌与受众之间的距离。微信朋友圈文案的内容涉及面很广，除了直接的广告信息外，更多的是将生活分享与推广信息结合起来，为受众提供优质的内容或新的资讯，这样才能提高微信朋友圈文案的可读性，避免引起受众的反感而被屏蔽。

企业或品牌除了可以通过发布微信朋友圈文案进行推广外，还可以在微信朋友圈投放广告。微信朋友圈广告采用了信息流广告形式，与普通原创朋友圈的形式相似，由文字、图片或视频信息构成，只是右上角注有"推广"或"广告"字样，如图6-4所示，受众可以点赞、评论或查看朋友的评论并进行互动。

图6-3 微信朋友圈文案

图6-4 微信朋友圈广告

（2）微信公众号文案

微信公众号包括服务号、订阅号、小程序和企业微信4种类型，微信公众号文案主要出现在服务号和订阅号中。微信公众号文案的营销形式主要是向已关注微信公众号的受众推送文案，通过文案内容来吸引受众，从而巩固受众对企业或品牌的忠诚度，提升整体营销效果。与微信朋友圈文案相比，微信公众号文案包含的信息更多，受众需要花费更多的时间来浏览，而且受众可以通过留言的方式参与互动。图6-5所示为海底捞火锅微信公众号文案片段。

微信公众号的类型

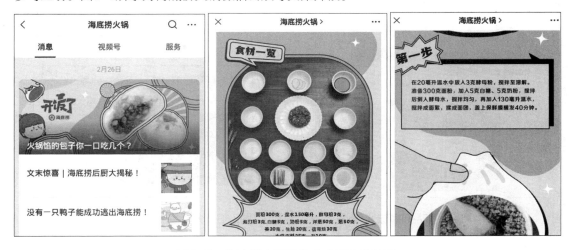

图6-5 海底捞火锅微信公众号文案片段

6.1.2　微信朋友圈文案写作

相对于微信公众号，朋友圈更加私人化，在朋友圈中发布文案要注意方法。文案人员可以直接介绍产品或品牌，也可以分享生活或情感等，但是不能天天"刷屏"，否则很容易引起受众的反感，得不偿失。文案人员可以采用以下方法来写作朋友圈文案。

1.　直接推广产品或品牌

直接在朋友圈中推广产品或品牌是一种常见的营销方式。文案一般会直截了当地展示产品或品牌信息，如价格、产品功能、销量等，如图6-6所示。需要注意的是，此类文案不能频繁发布，一天发布2～3则为佳。

图6-6　直接推广产品或品牌的朋友圈文案

2.　分享生活或情感

如果只采用直接推广产品或品牌的方式进行营销，很可能会引起受众的不满，甚至流失微信好友。此时，文案人员可以采用分享生活的方式推广产品或品牌的，给微信好友一种亲切、自然的感觉，达到软推广的目的。图6-7所示为融合了产品的朋友圈文案，该文案表面上是在展示九寨沟的美景，实则是在推广九寨沟跟团游。

当然，商家也可以在朋友圈单纯地分享生活或情感，如图6-8所示。纯分享生活式的文案看似没有推广价值，实际上有利于营销，一方面有利于树立个性化的个人形象，另一方面可以降低受众对广告的的抗拒。

图6-7　融合了产品的朋友圈文案　　　　图6-8　分享生活的朋友圈文案

3.　融合热点

热点可以很好地满足受众的好奇心，吸引他们关注。文案人员搜集并整理好热点，再分享到朋友圈中，容易带动受众的情绪，引导受众关注产品或品牌。图6-9所示为融合"北京冬奥会"热点的朋友圈文案，其将热点和品牌结合起来，取得了不错的推广效果。

图6-9　融合"北京冬奥会"热点的朋友圈文案

4．展示消费评价

受众购买产品后常常会对产品的使用心得、购物体验等进行评价，这些评价的内容也可以展示在文案中。消费评价是对产品质量、商家服务、品牌形象等的真实反映，体现了受众对企业或品牌服务的满意度。文案人员可以将这些反馈信息整理出来，以文字或图片的方式发布在朋友圈中，让更多的潜在受众了解产品或品牌的正面形象。图6-10所示的朋友圈文案中就展示了受众对产品的反馈，对话式的消费评价更为真实可信，更容易使产品或品牌获得受众的认可和信任。

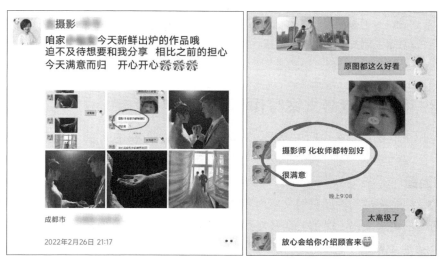

图6-10　展示消费评价的朋友圈文案

企业或品牌可以鼓励受众发布消费评价，由受众写出的消费评价会更加真实。

5．介绍专业知识

专业知识的分享如使用方法、使用技巧或产品功用的分享等能帮助受众了解产品的功能、特点，解决受众在使用过程中遇到的一些实际问题，体现专业性，为产品销售打下坚实的基础。图6-11所示的某口腔医院的文案人员发布的朋友圈文案就介绍了实用性的口腔知识，这一方面可以体现该口腔医院的贴心，另一方面也能为后续的营销做铺垫。

6. 与受众互动

互动也是利用朋友圈增加粉丝的一种方式，通常可以直接在朋友圈中发表一些互动性比较强的话题，让受众参与讨论。互动话题最好要比较新奇，要有一定的宣传力度与实用价值，也可以适当用福利来吸引受众。这种互动可以是邀请受众留言提供一些建议或评价，再从中抽取一位或几位受众送礼；也可以发表一些趣味话题或采用提问的方式或让受众参与互动。图6-12所示的朋友圈文案就采用了提问的方式与受众互动。

图6-11　介绍专业知识的朋友圈文案　　　图6-12　与受众互动的朋友圈文案

课堂讨论

你会屏蔽哪种类型的朋友圈文案？哪类带营销性质的朋友圈文案是你能接受的？你是否有因为某微信好友发布了朋友圈文案而删除该好友的经历？原因是什么？

6.1.3　微信公众号文案写作

如何写出优秀的微信公众号文案是文案人员需要重点解决的问题。下面就从封面图、标题、摘要、正文4个方面详细介绍微信公众号文案的写作。

1. 封面图

微信公众号文案的封面图是对文案内容的简要说明和体现，用以快速吸引受众的注意，并激发受众潜在的浏览欲望。微信公众号文案的封面图一般使用与文案内容或产品相关的图片，如果微信公众号文案分为不同系列，还可以为每个系列设计对应风格的图片。一般而言，微信公众号文案的封面图主要有以下两种类型。

- 单图文封面图。此类封面图的尺寸较大，一般为900像素×383像素，图片内容较为丰富，文案人员可以在其中添加重要的文字（见图6-13）、产品图片或主题等内容。
- 多图文封面图。在公众号消息栏中，除了首篇微信公众号文案外，其余文案的右侧一般会有一张对应的封面图。多图文封面图尺寸较小，图片内容不建议太复杂，如必须添加文字内容，可以简单地添加一两个字，如图6-14所示。

图6-13　单图文封面图　　　　　　　图6-14　多图文封面图

2. 标题

微信公众号文案的标题能够直接引起受众的浏览兴趣，其拟定方法可参考第3章中文案标题拟定的相关内容。除此之外，为了使微信公众号文案的标题更具辨识度，可在标题前使用竖线"|"将关键词或不同类型的文案分隔开，更好地打造公众号的个性化风格，进一步强化受众对产品或品牌的印象。图6-15所示为某微信公众号文案的标题，其均使用"|"将关键词放在标题前，以便受众区分文案的类型。

图6-15　某微信公众号文案的标题

3. 摘要

摘要即微信公众号文案封面缩略图下面的一段引导性文字。它可以快速引导受众了解微信公众号文案的主要内容，或吸引受众点击微信公众号文案，以增加点击量和阅读量。摘要的字数不宜太多，要控制在50字以内，内容要根据标题和文案正文拟定，如果微信公众号文案是优惠活动文案，可将优惠信息作为摘要来吸引受众；如果微信公众号文案是推书文案，可以将书中的名句设为摘要，紧扣文案主题。

一般微信公众号文案摘要会显示在单图文列表界面，多图文列表界面则不会显示。图6-16所示的单图文界面下方的"体重焦虑不再，美丽自来"就是某微信公众号文案的摘要。摘要体现了整篇文案的核心观点，立场鲜明，能够吸引对此有兴趣的受众点击。

图6-16　某微信公众号文案的摘要

4. 正文

微信公众号的文案在通过封面图、标题、摘要等引起受众的关注后，还需要用优质的内容来打动受众。一般来说，微信公众号文案主要有原创和转载两种模式，原创难度较大，但此种模式下，受众的忠诚度更高。微信公众号文案正文的写法也可以参考第3章正文写作的相关内容，这里补充一些微信公众号文案正文写作的策略。

（1）内容要满足受众需求

要想使微信公众号文案吸引受众阅读甚至产生转化效果，文案人员应当从受众需求入手进行内容的策划与定位，从不同角度挑选出合适的选题，如行业热门消息、有深度的"干货"、名人视角、群众视角、有内涵的企业文化、生活实用技巧、生活感悟、产品福利活动等，激发受众的自主分享欲和传播欲，为公众号吸引更多属性相同的高质量受众。例如，微信公众号"书单来了"的多数受众都喜欢阅读，因此该微信公众号就从受众的需求出发，向受众推送与书籍相关的内容，如图6-17所示，受众阅读了微信公众号文案后，如果发现了喜欢的书籍，可以直接通过文案中的小程序购买，促进了书籍的销售。

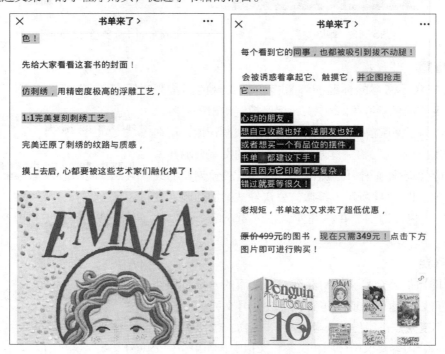

图6-17　满足受众需求的内容

（2）配图要美观、适当

在微信公众号文案里，文字和图片必不可少，一般以文字为主、图片为辅，二者相辅相成、缺一不可。文案中配图可以增强内容的表达效果，缓解受众的阅读压力，提升受众的阅读体验，使传达的信息更加直观、丰富。文案人员在为文案配图时需要注意以下事项。

- **图片要清晰**。应当尽量使用分辨率高的图片，不清晰的图片会使受众产生不适感。

- **图片要相关**。图片应当配合文案内容，起到锦上添花的作用。不可以随意插入能吸引眼球但与内容无关的图片。

- **图片不能打乱内容的连贯性**。一般情况下，一段文字配一张图片较好，不要在两个段落中间添加过多的图片，否则容易影响阅读的连贯性。

- **图片尺寸要合适**。尺寸过大的图片会使受众打开文案的速度变慢，也容易占用空间，影响受众的阅读体验；尺寸过小的图片会使文案内容展现得参差不齐，影响美观度。

6.1.4　微信公众号文案排版

对于微信公众号文案而言，排版是不可或缺的一部分。一般情况下，受众除了对内容质量有要求外，也非常看重阅读体验。精美的排版不仅可以提高受众的阅读体验，还可以提升内容的表达效果。秀米、135编辑器、i排版等都是非常好用的排版工具，未受过专业排版培训的用户也可以轻松使用。其中，135编辑器可以用于微信公众号文案排版、邮件排版等，是一款排版效率高、界面简洁的排版工具。下面使用135编辑器中的模板快速为一篇微信公众号文案排版，具体步骤如下。

排版微信公众号
文案

步骤 01 ▶启动浏览器，注册并登录135编辑器，进入135编辑器的编辑界面。

步骤 02 ▶打开储存在计算机中的"电动牙刷"素材文档（配套资源：素材\第6章\电动牙刷.docx），将光标定位于文本文档中，按【Ctrl+A】组合键全选文本，再按【Ctrl+C】组合键复制文本。

步骤 03 ▶返回135编辑器编辑界面，按【Ctrl+V】组合键将Word中的文本粘贴到编辑区中，如图6-18所示。

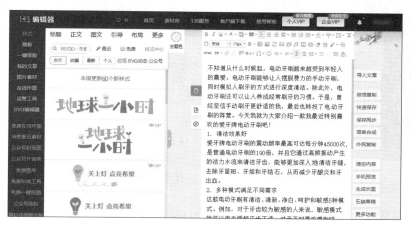

图6-18 粘贴文档

步骤 04 ▶将光标定位到文本最开头，按【Enter】键换行，在工具栏中单击"🖼"按钮，打开"打开"对话框，选择要插入的素材图片（配套资源：\素材\第6章\电动牙刷01.png），单击" 打开(O) ▼ "按钮，如图6-19所示。

步骤 05 ▶选中"1. 清洁效果好"文本，在135编辑器页面左侧的"样式"选项卡中选择"标题"选项，在打开的列表中选择"基础标题"选项，单击右侧的"免费"复选框，在下方的列表中选择ID为"99908"的样式，效果如图6-20所示。

图6-19 上传图片

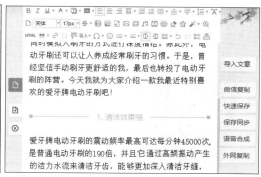

图6-20 应用样式

步骤 06 利用同样的方法为"2. 多种模式满足不同需求""3. 价格适中、外形美观"文字应用标题样式。

步骤 07 标光标定位在第2段的"从而减少牙龈炎和牙出血。"后，按【Enter】键换行，单击"🖼"按钮，打开"多图上传"对话框，单击"普通图片上传"按钮。

步骤 08 打开"打开"对话框，按住【Ctrl】键，依次单击"电动牙刷02.png""电动牙刷03.png"素材文件（配套资源：\素材\第6章\电动牙刷02.png、电动牙刷03.png），单击"打开(O) ▼"按钮上传图片。

步骤 09 此时将跳转回"多图上传"对话框，显示上传情况，如图6-21所示。上传成功后单击"确定"按钮，图片将插入定位的文字下方。

图6-21 "多图上传"对话框

步骤 10 单击选中第1张图片，将光标移到图片右下角，当光标变为"↗"形状时，拖动鼠标向图片画面中心移动，将图片缩小至原来的一半，然后继续缩小第2张图片，利用剪切、粘贴的操作将两张图片并列排放，效果如图6-22所示。

步骤 11 利用步骤07至步骤09的方法分别在第3段"就可以使用清洁或者净白模式。"下方插入图片（配套资源：\素材\第6章\电动牙刷04.png、电动牙刷05.png），调整大小后并列排放；第4段的"性价比非常高。"下方插入图片（配套资源：\素材\第6章\电动牙刷06.png、电动牙刷07.png），调整大小后并列排放，效果如图6-23所示。

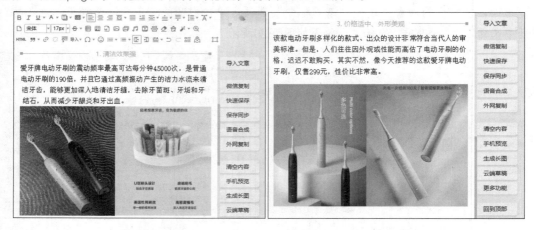

图6-22 调整图片　　　　　　　　图6-23 继续插入图片

步骤 12 ▶选中第一段文本中的"今天我就为大家介绍一款我最近特别喜欢的爱牙牌电动牙刷吧！"，设置文本格式为"黑体，18px"，效果如图6-24所示。

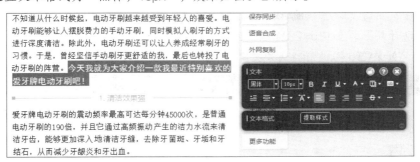

图6-24 设置文本格式

步骤 13 ▶选中倒数第二段文本中的"299元"文本，设置文本格式为"黑体，18px，#ffc000（即橙色），加粗"；选中最后一段文本，设置文本格式为"黑体，17px，#ffc000加粗"，效果如图6-25所示。

图6-25 设置最后一段的文本格式

步骤 14 ▶单击页面右侧的" 手机预览 "按钮，在打开的面板中预览已完成排版的图文，如图6-26所示，可发现在计算机并排显示的图片在手机上并不能并排显示，需进行调整。

步骤 15 ▶单击" 关闭✕ "按钮回到编辑页面，缩小后面插入的6张图片，再次单击"手机预览"按钮，在打开的面板中使用手机微信扫描左侧的二维码，此时可看到图片可并列显示，如图6-27所示。

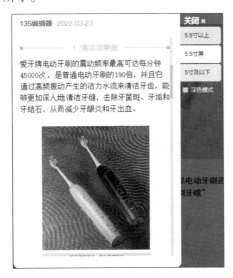

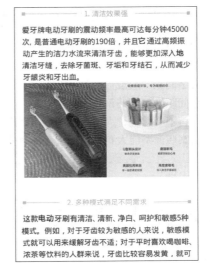

图6-26 预览效果   图6-27 并列显示的效果

步骤 16 单击界面右侧的"快速保存"按钮保存文章，单击界面左侧的"我的文章"选项查看保存好的文章，编辑器自动以"草稿"作为文章标题。将指针移动至完成排版的文章上方，单击标题左侧的"✎"按钮，然后输入文章的标题，此处输入"亲测好用！用了一次就离不开的电动牙刷"，如图6-28所示。输入完成后，单击标题左侧的"💾"按钮保存文章（配套资源：\效果\第6章\微信公众号文案.jpg）。

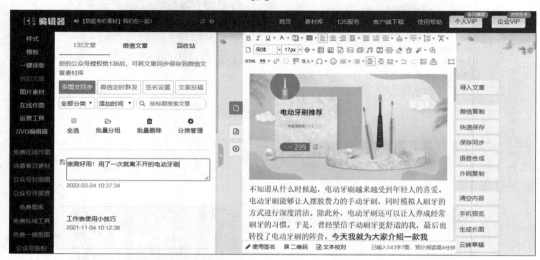

图6-28　输入标题

文案人员如果将微信公众号授权给135编辑器，单击页面右侧的"保存同步"按钮，可以将文案同步保存到微信公众号的素材库中，发布微信公众号文案时可以直接使用；如果不想授权给135编辑器，直接全选复制整个文案也可以将文案的内容等全部复制粘贴到微信公众号的后台编辑器中，如果发现图的位置等有一定变化，可自行调整。

🎓 专家指导

文案人员不管使用哪种工具来为微信公众号文案排版，都应当注意以下几点。
① 一篇文案中不要出现多种文字颜色，尽量保持简单、清新的文字风格。
② 同一篇文案中，字体种类不宜过多，一般不超过3种。
③ 文字字号最好保持在14px~20px。
④ 文字间距一般设置为1px或2px。
⑤ 行间距为行高的50%。
⑥ 段首不必缩进，大段文字的段落间应空一行。
⑦ 文案版面不能太花哨，排版要主次分明，结构层次要清晰。

6.2 微博文案写作

微博是基于社交关系获取、分享与传播信息的社交媒体平台。企业或品牌在微博平台上发布文案，可以向受众传递产品或品牌信息，扩大影响力。

6.2.1　认识微博文案

微博是一种具有鲜明特征的网络媒介，具有及时性、交互性、海量化、碎片化等传播特征，受这些特征的影响，在微博文案也具有简练精要、互动性强、趣味化和传播迅速的特点。

- **简练精要**。与微信公众号文案相比，微博文案更加言简意赅、通俗易懂、一目了然。图6-29所示的某食品品牌官方微博发布的微博文案用简短、直白的语言描述了文案主题并展示了产品。

- **互动性强**。文案人员为了引起受众的参与兴趣、将受众转化为忠实粉丝、增强文案的转化率，可以发布互动性较强的文案。小米就是利用微博文案让受众参与产品设计，提高受众的参与度和成就感，从而促使受众长期关注小米的官方微博，成为小米的忠实粉丝，进而产生比较稳定的转化率。

- **趣味化**。如果微博文案枯燥乏味，势必不能吸引受众的注意。此外，众多网络流行词汇、表情包、热点话题等大多首先出现在微博上，在这样一个丰富多彩的环境下，微博文案通常具有趣味性的特点，具体体现在语言的个性化和配图的丰富性上。很多时候，微博文案都会带上各种各样的话题、流行词汇、表情符号。同时，微博文案不仅有文字，多为简短的视频、普通图片、长图、GIF动图、表情包图片、超链接等的组合，形式丰富、趣味性强，如图6-30所示。

- **传播快速**。在微博中，一篇有趣、优质的文案会在较短的时间内引起众多受众的转发、点赞，达到快速传播的目的，尤其是能引起受众情感共鸣、具有趣味性的文案，更易被受众转发。

图6-29　简练精要

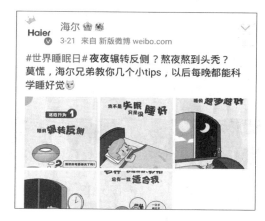

图6-30　趣味化

6.2.2　微博文案的写作方法

微博拥有多达几亿的受众，每天产生的信息数量非常庞大，每一位受众几乎都只会关注自己感兴趣的信息。因此，为了吸引受众，文案人员还需要掌握一些特定的写作方法来写作微博文案。

1. 利用话题

不同于微信平台，微博平台自带话题功能。微博中的热门话题往往是一段时间内大多数受众关注的焦点，所以借助话题的高关注度来写作微博文案可以使产品或品牌快速引起受众的注意，这种方法也是文案人员常用的写作方法之一。图6-31所示为微博的热议话题，图6-32所示为某品牌利用热议话题中的"#早睡早起的人到底赢在哪儿#"创作的微博文案。

图6-31　微博的热议话题

图6-32　某品牌利用热议话题创作的微博文案

除了利用已有的热议话题外，企业或品牌还可以自己发起话题。在微博中，"#××#"代表参与某个话题，在微博文案中添加话题，可以让微博自动与话题连接，以便被更多受众搜索到，提高微博文案被更多受众看到的概率。例如，图6-33所示为OPPO官方微博发布的微博文案，文案中的"#OPPO Find X5#"就是OPPO自己创建的话题。

图6-33　OPPO官方微博发布的微博文案

文案人员在微博文案中添加话题时，需要遵循以下基本原则：首先，话题必须有话题度，应与受众的生活息息相关，能引起受众的兴趣；其次，话题应比较简单，便于受众理解；最后，一定要保证话题与微博之间的关联度与协调性，不能引起受众的反感。

2. 解答疑难

文案人员如果能针对受众普遍面临的难题给出良好的解决方案，就容易得到受众的认可。图6-34所示的两则微博文案就针对部分受众面临的"转错账让退钱""孩子不肯入睡"的问题进行了解答，能够提高受众对账号的好感度，为账号积累粉丝。

图6-34　解答疑难的微博文案

3. 借势

　　借势就是围绕热点写作微博文案，热门事件、热门人物、节气节日等都是文案人员可以借助的"势"。借助节气节日写作微博文案是文案人员常用的写作方法。我国的二十四节气，每一个节气都有其独特的习俗及文化，如立春有迎春行春的庆贺祭典与活动；节日包括元旦节、春节、元宵节、清明节、端午节、中秋节和国庆节等。图6-35所示为心相印品牌借势立春创作的微博文案。

图6-35　心相印品牌借势立春创作的微博文案

4. 发布产品测评

　　一般来说，受众在购买产品前大多会在网上查看相关测评，因此文案人员如果能利用自身具备的专业知识深度分析产品的功能、质量、使用感受等，写出既有见解又通俗易懂的微博文案，就很容易获得较高的收藏量和转发量。图6-36所示为某博主写作的洗地机测评微博文案。

图6-36　某博主写作的洗地机测评微博文案

写作产品测评微博文案前，文案人员最好能亲身试用、体验产品，这样才能在文案中添加亲身使用体验，并附上使用前后对比图，使其更具有说服力。

5. 和受众互动

利用微博文案和受众互动，有利于拉近受众与企业或品牌之间的距离，培养受众的忠诚度。抽奖、提问、转发受众发布的微博文案都是有效的互动形式。图6-37所示为微博上常见的抽奖活动的微博文案，其不仅可以吸引受众的关注，还可以扩大微博文案的传播范围。图6-38所示为OPPO官方微博转发的粉丝撰写的微博文案。

图6-37　微博上常见的抽奖活动的微博文案

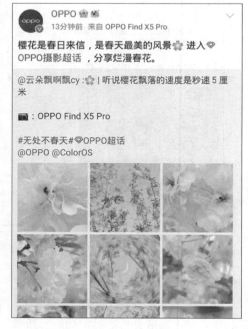

图6-38　OPPO官方微博转发的粉丝撰写的微博文案

职业素养

　　带有抽奖活动的微博文案应当保证真实、公平、公正，抽奖后要及时公布获奖者名单。只有做到诚实守信、公平公正，才会给受众留下好的印象。

6.3 今日头条文案写作

　　今日头条是一个受众量大、活跃程度较高的新媒体平台，可以通过个性化推荐引擎技术，快速地为受众推荐有价值的、个性化的信息。文案是否能够引起受众的注意、是否能够打动受众，是营销推广效果的决定性因素。

6.3.1　今日头条文案标题的拟定技巧

　　今日头条文案的标题与其他文案的标题类似，是促进受众点击文案的关键性因素。总体来说，今日头条文案标题的拟定方法，可以参考第3章中标题拟定的相关内容。由于今日头条有自己独特的推荐机制，因此为了使文案被精准推荐，标题最好围绕关键词进行拟定。下面从关键词的角度介绍标题的拟定技巧。

1. 选择关键词

　　关键词即包含关键信息的词语，也就是使内容能够被搜索引擎搜索到的词语。一般来说，文案人员可以从产品、受众和热词等不同的角度选择标题中要插入的关键词。

关键词的种类

- **从产品角度**。今日头条是以流量为主的平台，因此文案人员可以选择使用范围较广的关键词，这种词具备较强的竞争力，会带来一定的流量，如"汽车""房地产""酒店""旅游"等。但这样会削弱关键词的精准度，所以建议文案人员根据产品选取具体表示类目、名称等的实词，以带来更精准的流量，如"面霜""雪地靴""时尚"等。
- **从受众角度**。从受众角度来说，文案人员需要考虑受众的需求，即考虑受众在搜索或了解文案相关内容时，会搜索哪些关键词，越精准越好。例如，就推广面条的今日头条文案而言，在标题中加入"番茄鸡蛋面"比加入"面条"更精准。
- **从热词角度**。一些网络上流行的词语、短句也可以作为关键词，如"种草""拔草""内卷"等。

　　在选择关键词时，文案人员可以利用一些关键词挖掘工具，如站长工具、百度指数、巨量算数等。其中，巨量算数是巨量引擎旗下的工具，其以今日头条、抖音等为依托。使用巨量算数挖掘关键词，更能挖掘出热门的、精准度高的关键词。例如，某家电品牌的文案人员要想推广扫地机器人，在挖掘标题中的关键词时，进入巨量算数官方网站首页，单击上方的"算数指数"选项卡，在打开的页面的搜索框中输入"扫地机器人"，单击" 搜索 "按钮，在打开的页面中单击"关联分析"选项卡，在打开页面最右侧的列表中选择"头条"选项，即可查看今日头条中与"扫地机器人"相关的热门关键词，如图6-39所示。

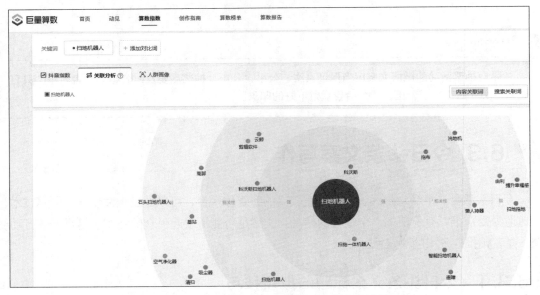

图6-39　与"扫地机器人"相关的热门关键词

2. 组合关键词

确定好了标题中要加入的关键词后，文案人员还可以将关键词与其他词组合，以拓展关键词。关键词组合方式多样，可灵活选择，具体如下所示。

- **地域+ 关键词**，如南昌拌粉。
- **关键词+ 盈利模式**，如四件套批发。
- **产品特性+ 关键词**，如超薄笔记本电脑。
- **应用场景+ 关键词**，如办公室植物。
- **品牌+ 关键词**，如花西子散粉。
- **关键词+ 表疑问的前后缀**，如眼霜怎么选。

确定好关键词后，文案人员就可以运用第3章所讲的标题拟定技巧来拟定今日头条文案的标题了。例如，某扫地机器人品牌的文案人员确定在标题中加入"全自动"关键词，就可以围绕产品和关键词，拟定以下标题。

> 使用符号：什么？这款全自动扫地机器人这么好用！
>
> 结合数字：月销售量达10000台的全自动扫地机器人居然是它……
>
> 借助名人效应：××（名人）都在用的全自动扫地机器人，你还在等什么？

6.3.2　今日头条文案正文的写作要点

时事新闻、搞笑"段子"、最新科技、生活小常识、奇闻趣事等类型的文案在今日头条中的阅读量一般较高，这些类型的文案内容简单易懂且大众化，更容易被受众接受和传播。除此之外，今日头条文案还要有实质性的内容，能够满足受众的相关需要。文案人员在写作今日头条文案正文时要注意以下3个方面的问题。

1. 要覆盖目标受众群体

在今日头条上，一篇文案发布后，会经历内容审核（判断文案是否合规）、冷启动（把文案首次推荐给最可能感兴趣的受众）、正常推荐（系统根据第一批受众的相关数据把文案推荐给可能感兴趣的受众）、复审（判断应停止还是继续推荐）4个环节。文案在首次被推荐后，如果点击率较低，系统会判定该文案不适合推荐给更多的人，会减少二次推荐的推荐量；如果首次推荐后点击率高，系统则判定该文案受欢迎，将进一步增加推荐量。以此类推，文案新一次的推荐量都以上一次推荐的点击率为依据。此外，文案过了时效期后，推荐量将明显衰减，时效期节点通常为24小时、72小时和1周。

由此可见，今日头条文案内容必须要与目标受众的需求联系起来，尽可能地覆盖目标受众群体，以增加今日头条文案的阅读量。否则，即使该文案被推荐出去，但由于对该文案感兴趣的受众太少，点击量和阅读量仍旧会非常少，进而文案的推荐指数会被降低。图6-40所示的文案就是今日头条中的推荐文案，该文案主要讲述了实施新交规后车辆在高速公路上超速、超员、龟速、违章停车等违规行为的处罚变化，由于涉及目标受众的出行需求，目标受众大多会对该文案感兴趣，并且该文案的语言通俗易懂，还通过字体样式着重突出了具体的变化，曝光量和阅读量自然就比较高。

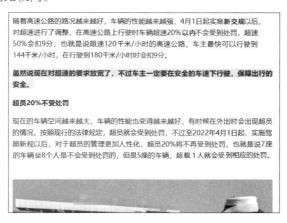

图6-40　今日头条中的推荐文案

2. 内容要原创

今日头条文案发布后，平台首先会通过全网搜索引擎审核今日头条文案的原创度和健康度，以及是否存在恶意营销等情况。原创度达到60%以上时，文案才会被平台推荐，因此，文案人员要尽量原创文案。在发布文案时，文案人员也可以申请开通原创功能，增加今日头条文案被推荐的概率。图6-41所示为今日头条中的两则原创文案，文案的标题下方就显示了"原创"标签，这类今日头条文案更容易被平台推荐给受众。

另外，在今日头条上发布的内容通过审核后，还需要经历"消重"这一道关卡。消重就是消除重复，指对重复、相似、相关的文案进行分类和比对，使其不会同时或重复出现在受众信息流中的过程。今日头条在面对相似内容时，会优先推荐原创、权威、有价值的内容，因此，为了避免被"消重"，文案人员应该尽量坚持原创、谨慎使用热点、少用常见标题。

图6-41　今日头条中的两则原创文案

3. 要包含关键词

今日头条平台通过智能算法来为受众推荐内容，要让文案更容易被平台推荐，文案人员可以根据需要在正文中增加关键词。一般来说，今日头条主要通过以下两种判断方法识别文案的类型和所属领域。

- **高频词**。即出现频率比较高的、与主要内容相关的词语。例如，一篇时尚类的今日头条文案主要介绍夏季服装搭配，那么正文中出现的高频词可能是T恤、短裤、连衣裙、衬衣等与文案主题相关且出现频率较高的词语。

- **低频词**。此处的低频词针对的是一类文案，而非一篇文案。今日头条中有很多类型相同的文案，这些文案中具有相同性质的词语，这些词语不容易被平台作为关键词提取，但如果使用一些有差异性的低频词来展示产品的个性或风格，这些词语就容易被平台作为关键词进行标记。

在写作今日头条文案正文时，文案人员要尽量多提炼让今日头条平台更容易识别和判断的关键词。平台判定出关键词后，会将这些关键词与今日头条文案的分类模型中的关键词模板进行对比，如果吻合度较高，就会为今日头条文案标注对应类型的标签。例如，某篇今日头条文案被提取出来的关键词有"卸妆""清洁""爽肤水""眼霜"等，那么该文案就可能被标注"护肤""保养""化妆品"等标签。平台由此完成对该文案的初步分类和认知，并将其推荐给经常关注"护肤""保养""化妆品"等内容的受众。

6.4 社群文案写作

社群由拥有共同爱好或共同需求的人群聚集形成。社群文案是文案人员在社群里为引导群成员产生所期望的商业行为而发布的文案。文案人员必须了解社群文案的基础知识，掌握社群文案的写作方法。

6.4.1 认识社群文案

社群的相关知识

社群对于群成员来说是一个"半熟"的圈子，其中既有熟悉的人，又有完全陌生的网友，但这种群体组织很容易培养群成员间的熟悉感，而且在群体氛围下发布的社群文案，更容易使受众因相互感染而产生购买行为。

1. 社群文案的形式

一般来说，社群文案主要包括社群引流文案、进群欢迎文案、分享活动预告文案和产品推广文案等。

- **社群引流文案**。社群引流文案即为吸引更多受众主动加入社群而写作的文案。图6-42所示为某社群的引流文案，该社群的主题是路演，关注路演主题的主要是创业者，而创业者的痛点在于没有资源或不知道如何与投资人、受众交流，因此，该社群的引流文案就以业内资深人士分享相关知识为利益点来吸引创业者加入，同时利用"只限前50名"等词语营造出一种稀缺感，让受众快速加群。

- **进群欢迎文案**。受众加入社群之后，也许并不清楚社群主题、社群规则、入群福利等，因此写作进群欢迎文案十分有必要。进群欢迎文案的内容包含欢迎语、社群主题、社群福利、社群规则等。图6-43所示为某社群的进群欢迎文案。

图6-42 某社群的引流文案

图6-43 某社群的进群欢迎文案

- **分享活动预告文案**。分享是指分享者面向社群成员分享知识、心得、体会、感悟等。专业的分享通常需要邀请专业的分享者，当然也可以邀请社群中杰出的群成员进行分享，以提高群成员的参与度和积极性。在活动开始前，文案人员需要写作分享活动预告文案，其内容应包括分享活动的时间、分享活动的主题、分享活动的规则等。图6-44所示为某营销社群中的分享活动预告文案。

> 大家好！我是×××！明天又是分享时间啦！
> 下一期的分享主题预告：新的一年，自我管理从手机 App 开始！这一期大家一起来推荐一些好用的 App，寒假时各位就可以好好利用它们来学习了！
> 推荐说明如下。
> （1）推荐的 App 分类：时间记录与管理类、记账理财类、社交或社区类、学习类、运动类、摄影类、旅游类、游戏类等。
> （2）推荐的 App 应对大学生生活有益。
> 发言格式如下。
> （1）App 名称和类型，如随手记（记账理财类）。
> （2）推荐理由，包括：App 的功能特色，给你带来的好处或使你的生活发生的变化。
> 明晚群开放时间为 20:00—21:30。欢迎大家积极交流！

图6-44　某营销社群中的分享活动预告文案

- **产品推广文案。** 除了话题交流之外，社群还是一个很好的产品推广平台。一般来说，社群中不宜发布大量的广告，以免引起受众的反感，发布广告的频率控制为一天一两次为佳。同时，发布的广告应该与社群主题相关。图6-45所示为社群中发布的产品推广文案。

图6-45　社群中发布的产品推广文案

2. 社群文案的组成要素

不管采用何种形式，一篇推广效果好的社群文案应包含以下4个要素。

- **产品信息。** 在社群中推荐产品，需要适当介绍产品信息，让群成员了解详细的信息，以使群成员确认是否需要这样的产品。有些群成员可能原本没有这方面的需求，但被社群文案中的产品信息吸引后，反而产生了消费欲望。
- **链接。** 为方便全员查看，或便于群成员进行相应的操作，一般社群文案中都会附带链接，这有利于提高社群文案的转化率。当然，社群文案中也可以附带口令，例如，淘宝网链接就是淘口令的形式，群成员复制淘口令后打开淘宝App就能跳转到该链接所在页面。

- **二维码**。二维码与链接是同样的道理，一般来说，社群文案中没有链接就会有二维码，群成员可直接扫码查看，十分方便。

- **@所有人**。当文案人员作为群主或推广人员，准备面向所有群成员发布社群文案时，可以@所有人，以确保所有群成员都能看到这条信息。但要注意，并不是在发送所有内容前都需要@所有人，有意义的、对群成员有帮助的内容才需@所有人。

如下所示为一则社群文案，基本都包含上述元素，如@所有人，并在文案中展示了本次体验活动的具体信息、提供了报名链接等。

@所有人

万众期待的飞行体验活动本周末再追加一场，名额仅限20组，要报名的小伙伴们一定要快，名额报满后，小脚印依旧会提前截止报名时间！

上周活动结束后，小脚印看见许多小伙伴都把照片分享到了朋友圈，但是也许还有小伙伴会有疑问。下面我来说说此次活动的福利。

① 专业机长现场绕机讲解专业知识。小脚印特意邀请专业机长为小伙伴们详解直升机的专业知识，解答小飞机迷们的"十万个为什么"。

② 近距离接触驾驶舱，观看机长操作。

③ 低空欣赏风景，与机长聊天。

④ 性价比高。这次活动不仅能乘坐直升机，还能玩室内降落伞、上飞机培训课、吃饭、做飞机模型、拍摄2022年个性定制台历，这一系列项目仅需××元。

我想这就是我们"仅"能给你们带来的几项福利！

报名链接戳下方

×××××××（该栏为链接）

6.4.2 社群文案的写作方法

社群文案是为社群营销服务的，文案人员要想在社群中做推广，就要提供稳定的内容输出与服务输出，写出让群成员都感兴趣的优质内容。

1. 凸显内容的价值

不管在社群中推广什么产品，都需要凸显内容的价值，这样社群文案才能吸引群成员的关注，为产品的变现奠定基础。有价值的内容是社群文案的基础部分，只有通过输出有价值的内容去吸引和筛选群成员、引起目标受众群体的兴趣，才有可能有较好的转化效果。

图6-46所示的某音乐博主建立的音乐社群中发布的文案就是有价值的社群文案。该社群中，群主没有直接推送知识付费产品广告，而是耐心地为群成员提供专业的音乐知识解答，在讲解的末尾附上产品链接。若群成员在接受有价值的内容后认可群主的专业水准，就有可能会产生购买产品的想法。

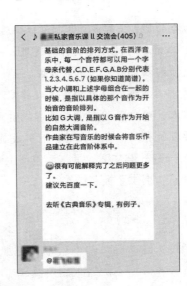

图6-46　有价值的社群文案

另外，文案人员还可以从向群成员展示独特的生活方式、满足群成员的心理需求和情感需求等方面来凸显内容的价值，赢得群成员的关注。例如，某自行车社群文案展示了新颖的自行车、有趣的骑行故事、充满特色的骑行生活方式等，这些内容既与自行车相关，突出了自行车产品，又传递了自行车爱好者的独特生活态度，受到了目标受众的关注。

2. 以聊天形式呈现

同样的内容，相较于单纯的文字罗列，对话形式更便于受众理解，更容易让受众感到好奇和产生新鲜感。如果文案人员能以聊天的形式呈现社群文案，会增添其趣味性。将社群文案塑造成交流分享的模式，营造一种轻松愉悦的交流氛围，也容易让人接受。图6-47所示为以聊天形式呈现的社群文案，群主在与群成员聊天的过程中推荐知识付费产品。

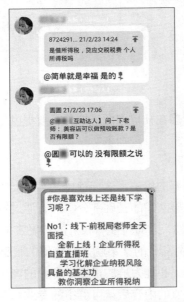

图6-47　以聊天形式呈现的社群文案

📈 本章实训 ●●●●

1. 为某旅行社写作微信朋友圈文案

微信朋友圈文案可以很好地帮助企业或品牌拉近与受众的距离。本实训要求结合微信朋友圈文案的写作方法，为某旅行社写作一则微信朋友圈文案，以帮助读者巩固微信朋友圈文案的相关知识。

【实训背景】

2022年北京冬季奥运会的成功举办极大地激发了受众的冰雪旅游热情，"3亿人上冰雪"正成为现实。各大滑雪场人头攒动、滑雪教练一人难求体现了受众对冰雪旅游的热情。

"行者"是一家比较出名的旅行社。看到受众对滑雪的热情，"行者"推出了一个从成都到西岭雪山的滑雪团。该滑雪团的游玩项目并不局限于滑雪，还包含了泡温泉、徒步和篝火等，两天一夜399元。为了吸引更多的人参加该滑雪团，旅行社决定让文案人员李圆写作一则微信朋友圈文案，然后让员工将文案发布在朋友圈中。

【实训要求】

本实训的具体要求如下。

① 写作分享生活式的微信朋友圈文案。

② 将写好的微信朋友圈文案发布在朋友圈中。

【实施过程】

根据实训要求，本实训的实施过程分为以下两个部分。

（1）写作微信朋友圈文案

分享生活式的微信朋友圈可以给微信好友一种亲切、自然的感觉，消除微信好友的陌生感和不适感。李圆决定写作一则融合产品的微信朋友圈文案，通过分享自己去西岭雪山滑雪的经历，推广该滑雪团，具体内容如下。

> 这里不是瑞士，而是西岭雪山。我跟好朋友一起报了一个从成都到西岭雪山的滑雪团，真的太开心了！滑雪场提供的设备都很新，虽然我们摔了一路，但还是感觉我们很酷。除了滑雪，我们还去泡了温泉！温泉四周都被雪包围，景色太美丽了！看看我拍的照片，这次两天一夜的旅程才花了399元，也太值了！

（2）发布微信朋友圈文案

紧接着，李圆又请同事拍摄了该团游玩过程中团员滑雪、泡温泉的照片，准备将文案和照片一起发布在朋友圈中，具体操作如下。

发布微信朋友圈文案

步骤 01 ▷ 在微信主界面中点击"发现"选项，打开"发现"界面，点击"朋友圈"选项，如图6-48所示。

步骤 02 ▷ 打开"朋友圈"界面，点击右上角的"■"按钮，如图6-49所示，在下方的下拉列表中点击"从手机相册选择"选项。在打开的界面中选择要插入的图片（配套资源：\素材\第6章\滑雪团游\），选择完毕后点击" 完成 "按钮。

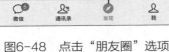

图6-48　点击"朋友圈"选项　　　　图6-49　"朋友圈"界面

步骤 03 ▶在打开界面的输入框中输入拟好的文案，如图6-50所示，然后点击" 发表 "按钮发布朋友圈文案，效果如图6-51所示。

图6-50　输入文案　　　　　　图6-51　发布文案

2. 为旅行社写作微博文案

只要是有趣、有新意的微博文案，大多能获得不错的传播效果。本实训将为该旅行社写作一则推广效果好的微博文案，以帮助文案人员巩固微博文案的相关知识。

【实训背景】

在全面建设小康社会的进程中，假日经济发挥了积极作用，大大刺激了消费、拉动了内需。国务院印发的《"十四五"旅游业发展规划》指出，我国将全面进入大众旅游时代，旅游业发展处于重要战略机遇期。

元旦将至，"行者"为了促进该滑雪团的销售，决定利用微博来进行推广，于是要求李圆写作微博文案，并将其发布在旅行社的微博账号中。

【实训要求】

本实训的具体要求如下。

① 写作添加了话题的微博文案。

② 应用借势写作技巧。

③ 发布微博文案。

【实施过程】

根据实训要求，本实训的实施过程分为以下两个部分。

（1）写作微博文案

李圆先查看了微博中近期的热议话题。浏览后，李圆发现热议话题中的话题都不适合添加在微博文案中。接着她又搜索了"滑雪""3亿人上冰雪"，发现这两个话题均有超过1亿的阅读量，如图6-52所示。于是她决定在微博文案中添加这两个话题。

#滑雪#
滑雪运动
115.9万讨论 18.6亿阅读

#3亿人上冰雪#
北京冬奥正式迎来倒计时1个月！3亿人上冰…
16.2万讨论 1.9亿阅读

图6-52 "滑雪""3亿人上冰雪"话题

另外，考虑到元旦将至，李圆认为正好可以借节日的势来宣传该滑雪团，于是她编写了以下微博文案。

> 小伙伴们，元旦就要来啦，想好去哪里玩了吗？滑雪+泡温泉怎么样？现在"行者"旅行社从成都到西岭雪山的滑雪团报名火热开启！不仅提供滑雪装备，还有教练带玩！滑雪累了还可以泡一泡温泉，以缓解疲惫。你还在等什么？快约上家人和朋友一起开启冰雪之旅吧！

在微博的配图部分，李圆结合微博文案，决定选择旅行社的宣传海报（见图6-53）及滑雪场的图片（见图6-54）。

图6-53　宣传海报　　　　　　　　　　　图6-54　滑雪场

（2）发布微博文案

紧接着，李圆便在旅行社的微博中发布微博文案了，具体操作如下。

发布微博文案

步骤01 ▷打开并登录微博，点击主界面右上角的"➕"按钮，在打开的列表中选择"写微博"选项，如图6-55所示。

步骤02 ▷在打开的"发微博"界面中点击"＃"按钮，打开话题界面。

步骤03 ▷在界面上方的搜索框中输入"滑雪"，在出现的搜索结果中选择第一个选项，如图6-56所示。

图6-55　选择"写微博"选项　　　　　　　图6-56　选择第一个选项

步骤04 ▷返回"发微博"界面，输入准备好的文字内容，如图6-57所示。

步骤05 ▷点击界面下方的"🖼"按钮，在打开的界面中选择要添加的3张图片（配套资源：\素材\第6章\滑雪团游、宣传海报.png），然后点击"下一步(3)"按钮。

步骤06 ▷打开图片编辑界面，继续点击"下一步(3)"按钮。

步骤 07 ▶返回"发微博"界面，点击界面下方的"☺"按钮，在打开的列表中点击两次图6-58所示的表情，在文案中插入表情。

图6-57　输入文字

图6-58　插入表情

步骤 08 ▶点击"＃"按钮按照相同的方法插入"3亿人上冰雪""元旦"话题，如图6-59所示。

步骤 09 ▶文案编辑完成，点击"发送"按钮发布微博文案，效果如图6-60所示。

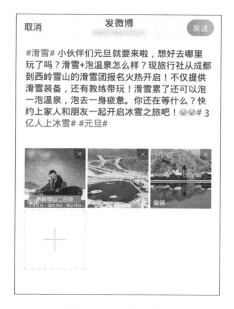

图6-59　插入话题

图6-60　发布效果

3. 在今日头条中写作并发布推广文案

在今日头条平台中，系统对文案的推荐力度较大。本实训将为"行者"旅行社写作并发布

今日头条文案，以帮助读者巩固今日头条文案的相关知识。

【实训背景】

在2021—2022年的旅游业中，冰雪旅游无疑是主要亮点之一。随着2022年北京冬季奥运和北京冬季残奥会的成功举办，冰雪运动、冰雪旅游等冰雪相关产业有望成为进一步挖掘消费市场潜力的新增长点。冰雪旅游知名度的提升使西岭雪山吸引了大量游客。

为了在新媒体平台中推广该滑雪团，提升旅行社的知名度，"行者"旅行社决定在今日头条中发布推广文案，于是要求李圆继续写作一则今日头条文案，并发布在旅行社的今日头条账号中。

【实训要求】

本实训的具体要求如下。

① 写作添加了关键词的今日头条文案标题和正文。

② 发布今日头条文案。

【实施过程】

根据实训要求，本实训的实施过程分为以下3个部分。

选择关键词

（1）选择关键词

李圆前往巨量算数官方网站查询今日头条平台上与"滑雪"相关的关键词，具体操作如下。

步骤 01 ▶进入巨量算数官方网站首页，单击上方的"算数指数"选项卡，在打开页面的搜索框中输入"滑雪"，单击" 搜索 "按钮，如图6-61所示。

图6-61 输入"滑雪"

步骤 02 ▶在打开的页面中单击"关联分析"选项卡，然后单击"抖音"的" ⌄ "按钮，在打开的列表中选择"头条"选项，然后查看与滑雪相关的热门关键词，如图6-62所示。

步骤 03 ▶下拉页面，查看关键词相关度排名和相关度涨跌情况，如图6-63所示。

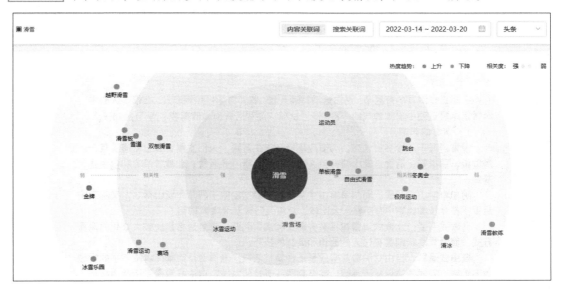

图6-62　查看热门关键词

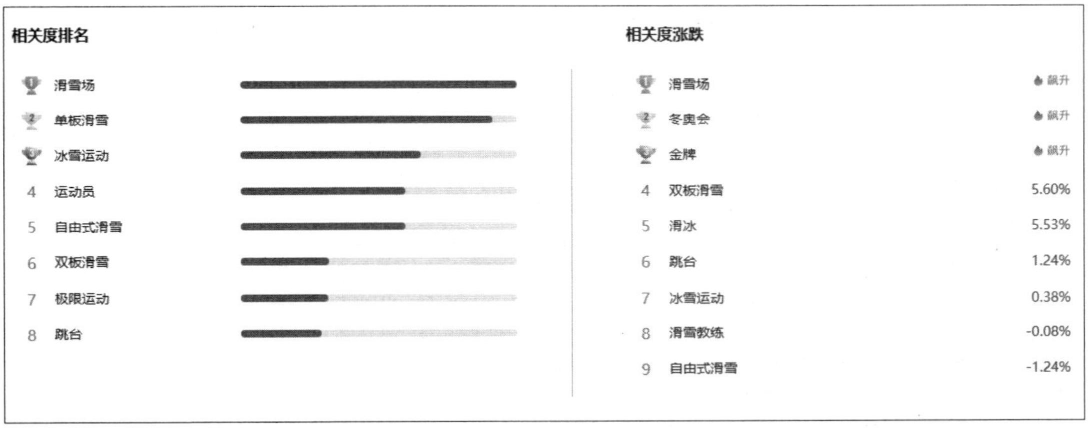

图6-63　查看热门关键词的相关度排名和相关度涨跌

步骤 04 ▶综合图6-62和图6-63，李圆选择了几个相关度高、适合滑雪团推广文案使用的热词，包括滑雪场、冰雪运动等。

（2）写作今日头条文案

在李圆看来，知识性文案更容易吸引受众观看，于是她决定先在文案中介绍滑雪相关的知识，然后再宣传滑雪团，具体操作如下。

步骤 01 ▶确定文案结构。由于滑雪知识多且杂，李圆决定写作一篇并列式文案，并列平行地介绍一些基础知识，然后在文案末尾宣传旅行社的滑雪团。

步骤 02 ▶拟定标题。今日头条文案标题的拟定方法与其他文案标题类似，为了让平台准确识别出文案的类型，李圆特意在标题中加入了之前确定的热门关键词，包括"滑雪场""冰雪

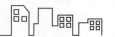
运动"，最后拟定标题为"想在滑雪场上化身'精灵'，这份冰雪运动知识你要知道！"

步骤 03 确定正文内容。李圆决定写作一篇专业、简洁的文案。另外，为了提升平台识别和推荐的准确度，李圆还在文案中加入了滑雪场、冰雪运动、运动员等关键词。文案正文内容如图6-64所示。

冬季正是滑雪的好时节，滑雪运动持续升温，各大雪场也热闹非凡。在很多人心中，滑雪是冰雪运动中非常帅气的一种，滑雪这项运动背后有很多值得我们学习的知识。

1. 滑雪的起源

滑雪起源于寒冷多雪地带。为适应环境及求生避险，人们发明了雪上交通工具——滑雪板、雪橇等。滑雪运动主要分为3种：阿尔卑斯山式滑雪、北欧式滑雪和自由式滑雪。

阿尔卑斯山式滑雪。阿尔卑斯山式滑雪因滑降运动源于阿尔卑斯山得名，又称高山滑雪，在竞技类比赛中有回转、大回转、超级大回转及滑降等项目。

北欧式滑雪。北欧式滑雪包括越野滑雪和滑雪跳跃。越野滑雪是比较大众化的滑雪方式，而滑雪跳跃则需要过人的胆识和高超的技巧。

自由式滑雪。自由式滑雪其实就是一种特技表演，表演者从陡峭而崎岖不平的雪坡向下滑降，同时表演后跳、踢腿，甚至翻跟头等惊险特技。自由式滑雪包括空中技巧、雪上技巧及雪上芭蕾3个项目。

2. 滑雪板的选择

滑雪可以分为单板滑雪和双板滑雪。其中，双板滑雪入门比较简单、好掌握。大部分初学者在首次滑雪的时候都会选择双板，但以后要想进步还是有一些挑战的，需要多加练习，反复研究。单板滑雪入门比较难，滑行中经常会摔倒，所以很多人在接触单板滑雪之后都会觉得有点难。

3. 滑雪注意事项

任何运动都有一定的危险性，滑雪也不例外。但是只要注意以下几个方面，就可以规避绝大多数的风险。

① 做好热身。滑雪前一定要做好热身，这可以大大降低受伤的概率。

② 熟悉场地。初到雪场时，要先了解雪场的大概情况，比如雪道的高度、坡度，以及一些雪场设施的分布地点，并且绝不冒进，要根据自己的能力选择适宜的雪道。

③ 保持距离。在滑雪时，一定要注意与他人保持距离，以免碰撞。雪场上人较多时，要调节好速度，也要避免在高速区域停留，如陡坡的下沿、高级道出口到缆车站的通道等高速滑行者经常出现的地方，也尽量不要在雪道中央停留。

④ 练习摔倒。滑雪的第一课就是练习如何正确摔倒并且爬起来，因为摔倒并且重新穿上滑雪板对初学者来说是个难点。

⑤ 循序渐进。尽量选择正规雪场、正规的教练。

说了这么多，是不是跃跃欲试了？现在"行者"旅行社推出了从成都到西岭雪山的滑雪团，不仅可以滑雪，还可以泡温泉哦！快约上朋友和家人一起去滑雪场上开启冰雪之旅吧！

图6-64 文案正文内容

（3）发布今日头条文案

李圆在今日头条中发布了刚刚写好的文案，具体操作如下。

步骤 01 进入今日头条官网并登录，单击页面右上角的" + "按钮，在打开的列表中选择"写文章"选项，如图6-65所示。

发布今日头条文案

图6-65　选择"写文章"选项

步骤 02 ◇在打开页面的标题输入框中输入标题"想在滑雪场上化身'精灵',这份滑雪运动知识你要知道!",如图6-66所示。

图6-66　输入标题

步骤 03 ◇在正文输入框中粘贴写好的文案(配套资源:\素材\第6章\今日头条文案.docx),如图6-67所示。

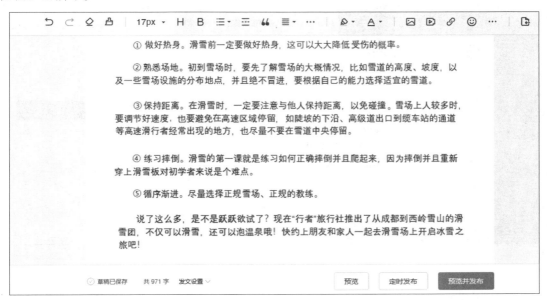

图6-67　粘贴正文内容

步骤 04 ▷选中"1. 滑雪的起源"小节下第2段中开头的"阿尔卑斯山式滑雪。"，然后单击工具栏中的"**B**"按钮加粗文本。

步骤 05 ▷按照相同的方法分别为该小节第3段、第4段开头的"北欧式滑雪。""自由式滑雪。"设置加粗效果，效果如图6-68所示。

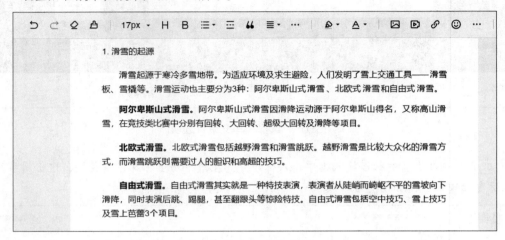

图6-68　设置加粗效果

步骤 06 ▷继续为"3.滑雪注意事项"小节下方的"①做好热身。""②熟悉场地。""③保持距离。""④练习摔倒。""⑤循序渐进。"设置加粗效果。

步骤 07 ▷在"1.滑雪的起源"整小节末尾按【Enter】键，单击"▧"按钮，在打开的页面中单击" 本地上传 "按钮，打开"打开"对话框，选择需要上传的图片（配套资源：\素材\第6章\今日头条文案\滑雪01.png、滑雪02.png），单击" 打开(O) "按钮，如图6-69所示，单击" 确定 "按钮，插入图片。

图6-69　插入图片

步骤 08 ▷按照相同的方法在"2.滑雪板的选择"小节末尾插入图片（配套资源：\素材\第6章\

今日头条文案\滑雪03.png、滑雪04.png），在"3. 滑雪注意事项"小节末尾插入图片（配套资源：\素材\第6章\今日头条文案\滑雪05.png、滑雪06.png），效果如图6-70所示。

请输入图片描述(最多50字)

说了这么多，是不是跃跃欲试了？现在"行者"旅行社推出了从成都到西岭雪山的滑雪团，不仅可以滑雪，还可以泡温泉哦！快约上朋友和家人一起去滑雪场上开启冰雪之旅吧！

图6-70 插入图片后的效果

步骤 09 ▶ 下拉页面，在正文输入框下方的"标题设置"栏中查看系统自动设置好的多个标题，如图6-71所示，然后利用标题右侧的"🗑"按钮删除第2个、第4个标题。

· 标题设置　　○ 单标题　　● 多标题

已智能生成部分标题，不同标题会推荐给不同用户，获得更多推荐流量　　示例

冬季滑雪好时节，滑雪运动背后的知识你知道多少？　　23/30　🗑

高山滑雪被誉为冰雪运动"皇冠上的明珠"，背后的知识你知道吗？　　30/30　🗑

滑雪这项运动背后，还有很多值得学习的知识　　20/30　🗑

如何在滑雪场上化身"精灵"？　　14/30　🗑

高山滑雪|滑雪运动背后的知识，你知道多少？　　21/30　🗑

草稿已保存　共971字　回到顶部 ∧　　　　预览　定时发布　预览并发布

图6-71 多标题效果

步骤 10 ▶ 继续下拉页面，"展示封面"栏展示了系统自动选取的封面，单击最后一张图片上的"替换"按钮，在打开的界面中单击"上传图片"选项卡，单击"□ 本地上传"按钮，打开"打开"对话框，选择需要上传的图片（配套资源：\素材\第6章\今日头条文案\封面图.png），单击"打开(O)"按钮，替换该封面图，效果如图6-72所示。

图6-72　替换封面

步骤 11 ◆ 单击选中"原创"栏后的"声明原创"复选框，其余保持不变。

步骤 12 ◆ 完成文案写作，单击" 预览并发布 "按钮提交平台审核，审核通过后即可成功发布文案。

拓展延伸

在新媒体平台开展营销是现在主流的营销方式之一，下面将对微信文案、微博文案的相关问题进行解答，以帮助文案人员了解更多新媒体文案的知识。

1. 微信公众号的粉丝如何维护？

如果想要持续扩大影响力，微信公众号运营人员还需要进行粉丝维护，同时不断提高粉丝数量。微信公众号运营人员可以通过关键词回复、问题搜集与反馈、评论互动等方式进行粉丝维护。

- **关键词回复。** 文案人员可以在微信公众号文案中提醒受众输入关键词进行回复，引导受众通过回复关键词主动了解内容，提高微信公众号的使用率，同时还可以在自动回复中设置一些惊喜，增强受众黏性。除了维护粉丝之外，关键词回复也是吸引新粉丝的有效手段，当老粉丝分享文案给新受众后，如果新受众想要了解关键词的相关信息，就必须关注公众号。

- **问题搜集与反馈。** 微信公众号运营人员可以在微信公众号中设计一些目标受众感兴趣的问题进行互动，提高受众的参与度，或者对受众反馈的问题进行解答，让受众与微信公众号之间产生互动。

- **评论互动**。很多受众在阅读推送内容时，还会阅读评论区的内容，微信公众号运营人员可以在评论区中与受众互动，或者在评论区自评、鼓励受众转发分享。

不管如何互动，保持并增加微信公众号粉丝数量的基本要求都是微信公众号文案要有价值，只有微信公众号文案能够满足受众的需求，才能保证受众的持续关注，才能进一步增加粉丝数量。

2. 微信文案什么时间推送比较合适？

选择合理的推送时间不仅可以提高文案的阅读量，还可以培养受众的阅读习惯。例如，7:00—9:00的上班前时间、11:30—13:30的午休时间、18:00—20:00的下班时间，22:00以后的睡前时间等，都比较适合推送微信文案。一般来说，在这几个时间段内推送文案的微信公众号数量比较多，如果想避开竞争，也可以根据需要错开这几个推送时间，但最终推送时间还是应该以受众的活跃时间为准。

在设置推送时间时，建议保持定时推送，以培养受众的阅读习惯。例如，保持每天12:00推送，久而久之，受众就会养成12:00准时查看推送内容的习惯。

3. 微信、微博中的活动文案怎么写？

在新媒体平台中，为了吸引受众的注意，企业或品牌会开展各种各样的活动，如有奖转发活动、有奖投票活动等。一般来说，活动文案主要包括以下要素。

- **活动标题**。活动标题也就是活动文案的标题。如在某城市开演的舞剧《永不消逝的电波》的活动标题为"180元看《永不消逝的电波》！经典重现+超炫舞台+首轮开票+优惠福利"，其包含的关键信息有：高性价比门票、活动主题、优惠福利。
- **活动摘要**。活动摘要是对活动的简要介绍，一般为100～300字。活动摘要应对活动主题和活动亮点进行具体介绍。
- **适合人群**。每个活动都会有自己的受众群体，受众定位是否精准对于活动质量有直接的影响。活动文案要写清楚适合人群，但人群定位不能过于狭窄，如不能将家装设计类活动的适合人群仅仅定位为正在装修的人，而将其他对收纳、软装等感兴趣的人排除在外。
- **活动时间**。活动时间要写清楚，包括活动开始时间、活动结束时间、活动时长等。需要注意的是，时间的格式为××年××月××日××时。
- **活动详情**。活动详情是活动文案中篇幅占比较大的一部分，文案人员应在此部分详细交代活动内容、活动流程、活动的开展形式等。例如，一场中秋诗会的活动文案，在活动详情部分就可以按节目安排顺序介绍每首诗的名称、作者、朗读者等信息，增加活动文案的文化气息。
- **报名截止时间**。报名截止时间不等于活动时间，为了防止受众产生误解甚至错过报名时间，文案人员应在活动文案中明确地写出报名截止时间。
- **活动地址**。在举办线下活动时，文案人员应把活动地址写出来，包括地点名称、交通路线、停车场信息等。
- **报名方式**。报名方式是指受众可以通过什么样的渠道报名。

📖 课后练习

"领尚"是一家汉服店，主要售卖汉服服饰及配件，偶尔还会开展汉服文化课堂。从博物馆的珍藏到现如今的日常穿着，汉服被越来越多的人认可和接受。汉服作为中华民族的传统服饰，承载了数千年的历史，是一张具有中华民族文化特质的"名片"。继承和发展汉服文化对弘扬传统文化具有积极意义，不仅有助于国人了解本民族的传统文化，还有助于增强中华儿女的民族自豪感、凝聚力和爱国心。

花朝节（现一般为农历二月初二，随着汉服的兴起，全国各地的汉服爱好者开始组织花朝节汉服活动，因此花朝节开始与汉服紧密联系在一起）临近，"领尚"决定在各大新媒体平台开展营销，请同学们根据以下情景为其写作对应的新媒体文案。

① 现"领尚"决定写作微信朋友圈文案，请写作一则有利于其汉服销售的文案，并说明写作思路。

微信朋友圈文案：_____

_____

写作思路：_____

_____

② 假如"领尚"想利用微信公众号文案来推广店内销量第一的汉服，该如何写作推文？请将文案写作结构、标题、正文的写作思路写在下方的横线上，并将详细内容整理在Word文档中。

写作结构：_____

_____

标题：_____

_____

正文：_____

_____

_____

③ 使用135编辑器为写好的微信公众号文案排版。

④ 假如"领尚"想利用"关注+转发"抽奖活动来增加微博账号的粉丝数量，并带动店内产品销售，可以如何写作微博文案？请写作一则符合要求的微博文案。

_____

_____

_____

_____

⑤ 假如"领尚"想在今日头条中通过科普花朝节的相关知识向受众宣传店铺，可以如何写作今日头条文案？请先列出关键词，然后写作文案标题和正文。

关键词：_____

标题：_____

正文：_____

第7章 视频和直播文案写作

伴随着视频平台和直播平台的兴起，受众观看视频和直播的习惯正在养成，越来越多的企业和品牌开始利用视频吸引受众，通过直播销售产品。视频平台和直播平台由于具有互动性强等特点，可以助力企业或品牌更好地通过文案展示信息，开展营销。

学习目标

- 熟悉视频平台和直播平台。
- 掌握视频文案的组成部分和写作方法。
- 熟悉直播预告文案的写作方法。
- 掌握直播脚本的写作方法。

素养目标

- 写作积极、健康的视频文案和直播文案，促进视频行业文案和直播行业的健康发展。
- 依法依规开展直播，大力弘扬社会主义核心价值观，扩大优质内容生产。

案例导入

历史上，敦煌成就了东西方的贸易交流和文化交流。敦煌拥有多处世界文化遗产，并且在国家"一带一路"倡议的号召下，以莫高窟为代表的敦煌文化更是被赋予了全新的使命与意义。在这样的背景下，梅赛德斯-奔驰星愿基金（梅赛德斯-奔驰与中国青少年发展基金会携手设立的一项综合性公益事业基金）携手敦煌研究院、中国敦煌石窟保护研究基金会，开启敦煌莫高窟文化遗产保护项目。

每年6月的第2个星期六是文化和自然遗产日。在6月初，梅赛德斯-奔驰星愿基金携手敦煌研究院开展了一次直播。为了让受众知晓该活动，梅赛德斯-奔驰首先发布了直播预告文案，以告知受众直播主题和直播时间等，如图7-1所示。另外，梅赛德斯-奔驰还在其微信公众号文案中通过有奖问答的形式提高受众的参与度。直播结束后，梅赛德斯-奔驰对此次直播进行了总结，分享了此次直播的内容，进一步挖掘了更多潜在受众。2021年7月，梅赛德斯-奔驰还在敦煌开启了"天地即征途"旅程，主要以苍茫戈壁为舞台展现汽车的越野和操控性能、舒适与豪华的品质，于旅途中探寻文明印记和天地之美。图7-2所示为"天地即征途"旅程结束后梅赛德斯-奔驰在抖音中发布的短视频文案片段，"走出时空的长河让古今中外在这里相遇""在山海的尽头抵达离心最近的地方"等文案内容不仅赋予了"天地即征途"旅程"守护"的意义，也表达了梅赛德斯-奔驰勇于承担社会责任、守护自然地貌和文化瑰宝的决心，树立了良好的品牌形象。

图7-1　直播预告文案

图7-2　梅赛德斯-奔驰在抖音中发布的
短视频文案片段

时间长河中，先贤们创造了众多文化宝藏，守护这些文明奇迹是每个人的责任。通过直播和视频，梅赛德斯-奔驰不仅传播了我国的传统文化，还展示了自身的产品和品牌形象，树立了品牌口碑与信誉。

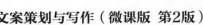 

① 梅赛德斯–奔驰的直播预告文案和视频文案有什么特点？

② 梅赛德斯–奔驰是如何利用直播和视频传播传统文化的？

7.1 写作视频文案

对企业或品牌来说，视频可以帮助其塑造品牌形象、提高受众对企业或品牌的好感度、促进产品的销售。视频文案是视频的组成部分，能够帮助受众理解视频主题，突出视频重点，提升受众对视频的好感度。

7.1.1 了解视频平台

近年来，热门的视频平台非常多，如哔哩哔哩、抖音等。视频相较于文字、图片等表达形式，更具有张力，可以更好地将营销主题展示出来，其应用广泛，可以用于推广产品、宣传活动、进行公关处理等。根据视频长短和智能终端的不同，视频平台可以分为综合视频平台和短视频平台两种。

1. 综合视频平台

腾讯视频、爱奇艺视频、优酷视频、哔哩哔哩等视频平台等都是比较常见的综合视频平台，包含电影、电视剧、综艺、动漫、纪录片、热点、体育赛事等多种类型的内容。这类视频平台的视频时长较为宽松，大多既有网页端又有移动端，且大多支持受众发送弹幕。通过综合视频平台，营销者与受众、受众与受众之间可以进行互动，企业或品牌能够及时获取受众反馈的信息，提升营销效果。例如，长安汽车品牌就以视频的形式将产品的详细情况呈现给受众，图7-3所示为长安汽车在哔哩哔哩中上传的视频。

图7-3　长安汽车在哔哩哔哩中上传的视频

2. 短视频平台

短视频平台是指对视频时长有要求的视频平台,其视频时长一般在5分钟以内,多为移动端平台。目前,热门的短视频平台主要有抖音、快手、西瓜视频、微视、好看视频等。

- **抖音**。抖音是众多企业或品牌热爱的短视频平台之一,其定位为面向全年龄段人群的短视频社区平台,2016年上线后迅速积累了大量的受众。抖音的平台优势主要有受众量大、营销效率高、转化率高和推送精准等,适合短视频新手入驻。
- **快手**。快手是成立较早的短视频平台,月活跃人数超过了4亿人,其受众多位于下沉市场(三线及以下城市、县镇与农村地区市场),"家族"特征明显,社交互动积极性强。
- **西瓜视频**。西瓜视频是今日头条旗下的个性化推荐短视频平台。西瓜视频的受众数量比抖音和快手少,平台内的女性受众略多于男性受众。
- **微视**。微视是腾讯旗下的短视频平台,平台内受众的年龄、兴趣和地域分布与抖音大致相同。与抖音不同的是,微视有频道功能,对内容进行了分类,受众能够精准查找。
- **好看视频**。好看视频是百度旗下的一个短视频平台,受众在地域、年龄方面的分布比较分散,以泛娱乐和泛生活短视频为主。

在短视频火爆的今天,对于受众来说,所有的短视频内容都是一"滑"即逝的,企业或品牌要想打造具备吸引力的短视频,必须要保证其内容、文案的趣味性和可看性。

> **课堂讨论**
>
> 你经常看短视频吗?你有经常浏览的短视频平台和比较喜欢的短视频账号吗?你每天会花多少时间在短视频平台中?

7.1.2 视频文案的特点

视频文案能够深化视频主题,帮助受众理解视频内容。一般来说,视频文案具有简洁明了、表意清晰和风格鲜明的特点,下面分别进行介绍。

- **简洁明了**。大多数视频文案中都有代表性的词句,可以简单地将主题展示出来。图7-4所示为长安汽车发布在抖音中的短视频片段,短视频中的"当不知道自己为什么要出发的时候 爱一定是所有的理由与答案",简洁明了地将视频的主题展现出来。
- **表意清晰**。视频文案在视频营销中一般用于帮助受众理解视频内容,因此,大部分视频文案表意清晰,便于受众理解。
- **风格鲜明**。不同领域、不同主题的视频,其文案风格各不同,即使是同一个领域、同一个主题的视频,其文案风格也可能大不相同。例如,同为萌宠类视频,一个视频文案偏向可爱风格,一个视频文案偏向搞笑风格。图7-5所示为某抖音账号发布的短视频片段,由文案中的"委屈抢我的猫粮吃""它会吃垮我们家的""小家伙"等语句可以看出,该短视频的风格类型为活泼可爱型。

图7-4　长安汽车发布在抖音中的短视频片段　　　图7-5　某抖音账号发布的短视频片段

7.1.3　视频文案的组成部分

一般来说，视频文案的往往包括标题、简介、脚本和字幕4个部分。

1. 标题

标题是指对视频主题高度概括的简短语句，一个好的标题可以引起受众的好奇心，吸引受众观看视频内容，从而为视频带来流量，提高视频的转化率，是视频文案的重要组成部分。图7-6所示为视频文案的标题。

图7-6　视频文案的标题

2. 简介

简介常用于展示视频概要、素材来源、作者感想、故事经过、视频灵感、作者号召、其他链接等内容，能够帮助受众快速了解视频内容，也是视频文案的重要组成部分。一般来说，简介多位于标题下方。图7-7所示为视频文案的简介，受众阅读简介后能大致了解视频内容。部分视频文案的简介还会设置悬念，以吸引受众查看视频。

图7-7 视频文案的简介

3. 脚本

脚本是指表演戏剧、拍摄电影等所依据的文本。脚本是整个视频的发展大纲，用以确定剧情的发展方向和拍摄细节。脚本是视频文案的重要组成部分，图7-8所示为视频文案的部分脚本。

> 晚上，弟弟和姐姐两个人在家。
>
> 家里电视开着，姐弟两人正在看电视，此时弟弟在剥香蕉。
>
> 此时姐姐看到弟弟的香蕉已经剥好，若有所思的样子，于是掏出手机，拨打弟弟的号码，随后弟弟手机响起。
>
> **姐姐：**老弟，你手机响了。
>
> 弟弟转头去拿手机，但刚好拿起，电话就挂断了。弟弟发现是姐姐拨打的电话，觉得"大事不妙"，等到弟弟回头时，香蕉已经不翼而飞，只剩下香蕉皮。
>
> **姐姐：**你别看我，我可没有偷吃。
>
> **弟弟：**这香蕉，奇了怪了，难道会长翅膀？
>
> 此时姐姐偷偷地将右手抬起，用左手捂住嘴，她在偷吃弟弟的香蕉。

图7-8 视频文案的部分脚本

4. 字幕

字幕是指用文字显示在视频中的对话等非影像内容，也泛指影视作品中后期添加的文字。一般来说，视频文案中的字幕一方面是指视频中人物所说的台词或旁白（见图7-9）；另一方

面也指后期添加在视频中的、用以说明情况或解说视频内容的文字（见图7-10）。字幕能够帮助受众理解视频内容，使视频更容易获得受众的好感。

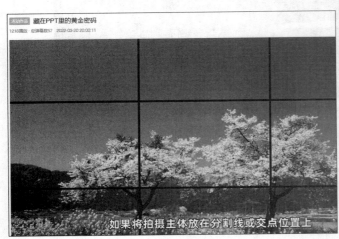

图7-9　以人物所说的台词或旁白作为字幕　　　图7-10　以后期添加在视频中的
　　　　　　　　　　　　　　　　　　　　　　　　　　文字作为字幕

🎓 专家指导

除了以上组成部分，有的文案人员还会在视频中添加弹幕。弹幕多指受众在观看视频时发布的实时评论性文字，可以滚动、停留、闪烁等。但此处的弹幕是指文案人员自己添加的评论性文字，多是文案人员的某一感想，或为了增加趣味性添加的文案等，如图7-11所示。

图7-11　文案人员行添加的弹幕

▌7.1.4　视频文案的写作

视频文案的写作是视频创作过程中非常重要的环节。优秀的视频文案能够与受众建立连接、引起受众的共鸣，能够给视频账号带来流量。下面对视频文案各组成部分的写作进行详细介绍。

1. 标题

视频文案的标题起着吸引受众点击视频的作用。表7-1所示为抖音热门短视频文案的标题与特点，文案人员在拟定视频文案的标题时可以从这些方面入手。

表7-1 抖音热门短视频文案的标题与特点

标题	特点
198平方米，装修只花15万元，就像住在森林里！	场景化
T恤、阔腿裤的潮流搭配，各种风格随意切换！	好处利益
豆浆机突然爆炸，专业检测结果让人目瞪口呆！	欲言又止
长高10厘米和100万元你选哪个？	互动讨论
在外打拼，生活不易	共情
最后一句是我的心声……	设置悬念
××（名人）同款纯白连衣裙，穿出气质范儿	名人效应
端午节的粽子，适合搭配什么饮料？	热点
你每天吃的早饭真的健康吗？	"危言耸听"

视频文案标题的写作与文字式文案标题有异曲同工之处，除了可以参考第3章新媒体文案标题的拟定外，视频文案标题的拟定应注意以下几点。

- **字数适中**。对于视频来说，文案标题的字数太少可能无法准确地展示主题，字数太多又可能会增加受众的阅读负担，所以，视频文案标题的字数要适中，一般保持在15～20字。

- **使用标准的格式**。视频文案标题中的文字是有标准格式的，例如，数字应该写成阿拉伯数字；文案人员在写作时尽量用中文表达，减少外语的使用等，从而方便受众阅读。

- **合理断句**。视频的受众更广泛，为了使其能迅速理解视频文案标题的意义，文案人员应对视频文案标题进行合理断句，这样可以减少受众的阅读负担，并将主题内容表述得更为清晰。

- **考虑推荐机制的影响**。由于许多视频平台都有系统推荐机制，因此文案人员在写作视频文案标题时要考虑推荐机制的影响，尽量避免视频文案标题中出现系统不能识别的词语，从而降低视频的推荐量。系统不能识别的词语包括非常规词（如"活久见"）、冷门词、生僻词和不常用缩写（如把重庆缩写为"CQ"）等。

2. 简介

视频简介的作用与文案摘要的作用类似，主要是为了吸引受众、帮助受众理解视频主题和内容。文案人员可以从以下几个方面来写作简介。

- **介绍视频**。文案人员可以在简介中告诉受众视频主题和主要内容等，注意语言不要太过深奥。图7-12所示的科普性视频的简介大致说明了视频的主要内容。

图7-12　介绍视频的简介

- **引导受众**。对于视频来说，点赞量和播放量是非常重要的数据，因此文案人员可以在简介中引导受众做出某种动作，如"请大家动动手指，为我点赞""点赞+关注，更多有趣内容等着你"等。
- **设置悬念**。悬念可以很好地引起受众的好奇心，在简介中设置悬念可以吸引受众点击观看视频。图7-13所示的视频就在简介中用提问的形式设置了悬念，可以引起受众的好奇心。

图7-13　设置悬念的简介

3. 脚本

视频脚本可以对整个视频内容产生指导作用，下面从脚本的写作思路和写作技巧两方面来介绍视频脚本的写作。

（1）脚本的写作思路

脚本的写作思路一般包括确定视频主题、规划内容框架和填充内容细节3个部分。

① 确定视频主题。每个视频都要有一个明确的主题。例如，穿搭类视频的主题可以为初春连衣裙搭配、职场通勤着装；美妆类视频的主题可以为化妆品推荐、仿妆教程。确定视频主题有利于确保后续的内容不会出现太大偏差，避免拖慢工作进度。

② 规划内容框架。确定了视频主题之后，就需要规划内容框架了。规划内容框架时，需要想好通过什么样的内容细节及表现方式来展现视频主题，包括人物、地点、事件及转折点等，并对此做出详细的规划。例如，要拍摄男生向女生求婚的视频，规划的内容框架应该包含以下内容。

- **人物**。男女主角和双方朋友等。
- **地点**。电影院。
- **事件**。男主角约了女主角看电影却没赴约。女主角很不开心，独自去看电影，本以为电影会自然开场，结果屏幕上出现了自己的照片。接着，男主角抱着花出现在她面前……

③ 填充内容细节。在确定好内容框架之后，需要填充更多的内容细节。例如，男主角向女主角求婚的这一内容可以进一步细化。

- 在男主角未赴约被女主角打电话质问时，男主角的心理活动。
- 当男主角没有出现，女主角为何会独自去看电影。
- 当男主角出现在女主角面前时，女主角的情绪变化如何展现。

上述细节非常重要，可以使内容更饱满。填充内容细节是脚本写作中比较困难的部分，需要文案人员多花心思去打磨。

（2）脚本的写作技巧

脚本对整个视频来说至关重要，其中包含了对整个视频的剧情设计。许多视频之所以能成为热门作品，很大程度上就在于其有优质的脚本。文案人员可以从以下方面写作富有创意和吸引力的脚本。

- 设计"反转"。相比于看了开头就能猜到结尾的视频，那些设计了"反转"剧情的视频由于打破了受众的惯性思维，往往会让受众觉得眼前一亮。图7-14所示的视频中，一名外卖员着急送外卖，有两名女生却站在电梯门口迟迟不动，另一名女生看不下去与她们发生了争吵。争吵时，占着电梯不走的两名女生咄咄逼人，对另一名女生和外卖员表示鄙视，结果最后才发现另一名女生和外卖员是合作公司的老板。如此"反转"令人大呼痛快，让受众忍不住为视频点赞和评论。

图7-14　设计有"反转"的剧情

- **幽默搞笑**。带有娱乐性的视频更容易获得受众的喜爱，基于这一点，文案人员可以在脚本中设计幽默搞笑的情节。例如，一些抖音账号发布的短视频就非常搞笑，作品点赞量和账号的粉丝数量都比较多，如图7-15所示。

图7-15　走幽默搞笑路线的抖音账号

- **借助热点**。文案人员在写作脚本时也可以借助热点。文案人员要利用好各种汇集热点的工具，如抖音排行榜、微博热榜等挖掘热点，据此规划脚本，明确脚本思路，以获取更多的流量。

- **结合受众痛点**。在创作脚本时，文案人员还可以找到目标受众的痛点，通过满足目标受众某方面的需求来吸引其关注。例如，许多毕业生不知道如何制作简历，图7-16所示的视频就从毕业生的这个痛点出发，介绍了制作简历的有效方法，让有需求的受众产生强烈的观看欲望。

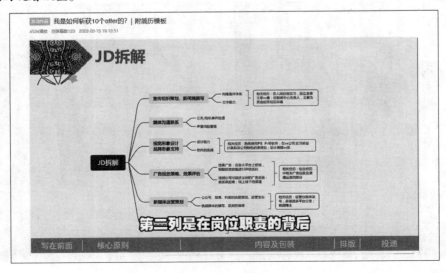

图7-16　结合受众痛点

4．字幕

在视频文案中，字幕既包括人物的台词、旁白，还包括后期制作时添加的文字。字幕的作用主要有3点：一是传递信息；二是表达某种情绪、观点和立场，表明下一步行动；三是表达某种价值观。因此，文案人员在写作台词、旁白等字幕时，要注意以下4点。

- **贴近人物**。台词、旁白等可以为视频角色构建立体化的形象，给受众留下深刻的印象。因此，台词、旁白都应当符合角色的形象。图7-17所示的视频主角是广西人，其中的台词就有该地的方言，非常贴近主角的形象。
- **简短精练**。复杂冗长的字幕往往会分散受众的注意力。因此，台词、旁白应当言简意赅、短小精悍，单句最好不要超过15个字。
- **节奏恰当**。台词、旁白的节奏要恰当、与剧情契合，要助推剧情的发展，传递角色的某种情绪。图7-18所示的视频中的台词就非常巧妙，在女主角数次在服装店欣赏红裙子时，"知道吗它在月光下显得格外迷人""不过我也只能静静地看着它"等台词很好地传递出女主角对裙子的喜欢和遗憾之情。

图7-17　贴近人物　　　　　　图7-18　节奏恰当

- **通俗易懂**。文案人员在写作台词、旁白等时应当做到通俗易懂，让受众一看就能明白，最好不要使用过于专业和晦涩的文字。

7.2 写作直播文案

根据艾媒咨询的数据，2021年我国在线直播用户规模突破6亿大关，预计2022年用户数量将达到6.6亿人。直播的火热使得越来越多的企业或品牌开始在各大直播平台开设直播间，以促进产品销售和品牌推广。为了最大限度地发挥直播的推广效果，写作一篇吸引力强的直播文案非常重要。

7.2.1　了解直播平台

直播平台是直播产业链的重要组成部分，是直播内容的输出渠道。根据直播平台的主打内容，直播平台可以大致划分为娱乐类直播平台、电商类直播平台、短视频类直播平台和教育类直播平台等。

1. 娱乐类直播平台

娱乐类直播平台的直播内容非常丰富，包括艺人直播、娱乐新闻、才艺展示、生活趣闻、聊天互动、唱歌跳舞、户外活动等。在此类直播平台中，主播主要通过流量变现和"打赏"等实现盈利。目前，具有代表性的娱乐类直播平台有YY直播、花椒直播、一直播、映客、酷狗直播、奇秀等。图7-19所示为YY直播的主要直播类目。

图7-19　YY直播的主要直播类目

2. 电商类直播平台

电商类直播平台是传统电商平台开展直播业务的渠道，可以实现企业或品牌边直播边销售、受众边观看边购买的营销目的。电商类直播平台的特点是利用电商平台的流量带动直播流量，待直播拥有充足的固定流量后，再利用直播流量反哺电商平台。电商类直播平台具有较强的营销性质，受众在平台上观看直播的目的很明确，就是购买产品，这使得传统的电商平台在开展直播带货方面具有先天优势。目前，具有代表性的电商类直播平台有点淘（首页见图7-20）、京东（直播间）（示例见图7-21）、多多直播（拼多多直播平台）及小红书（直播）等。

图7-20　点淘首页　　　　　　图7-21　京东（直播间）示例

3. 短视频类直播平台

短视频平台以输出短视频为主，随着直播行业的蓬勃发展，很多短视频平台也推出了直播业务。目前，具有代表性的短视频类直播平台有抖音、快手、西瓜视频、火山小视频、美拍、秒拍等。图7-22、图7-23所示分别为同一品牌在抖音、快手的直播。

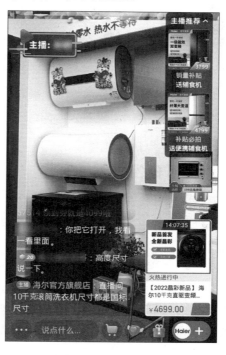

图7-22　抖音直播　　　　　　　　　图7-23　快手直播

专家指导

当前，"内容+电商"直播已经成为"互联网+"时代的新模式，其将内容运营作为核心，吸引粉丝关注，通过点赞量、评论数、粉丝量、关注度等吸引流量，再运用直播出售产品盈利。这种发展趋势使得电商平台开始内容化，微信、微博、抖音等注重内容的新媒体平台都开始电商化。

4. 教育类直播平台

大多数传统的在线教育平台以语音、PPT或视频录播的形式向受众分享知识，虽然能把教学内容完整地传达给受众，呈现形式也足够多样化，但这使得师生间缺乏及时有效的沟通，教师无法做到实时答疑和讲解，于是教育类直播平台应运而生。教育类直播平台支持以文字、语音等方式实时互动，直播过程中，教师可以随时关注讨论区的留言，并适时做出回答。同时，教师可以根据与受众的互动、受众的反馈适时调整教学计划以提升教学效果。

目前，教育类直播平台可以分为两类：一类是在原有平台的基础上增加直播功能，如网易云课堂、沪江CCtalk等；另一类是独立开发的教育直播平台，如荔枝微课、千聊、短书、小鹅通等。图7-24所示为网易云课堂中的直播课程。

图7-24　网易云课堂中的直播课程

7.2.2　直播预告文案的写作

直播预告文案即预告直播内容的文案，主要是为了让受众提前知晓直播内容，包括标题和内容简介两部分。

1. 标题

直播预告文案的主要目的是尽可能多地吸引受众来观看直播，所以，其标题一定要具有吸引力。一般来说，许多直播平台中的预告文案标题大多限制在12个字以内，因此文案人员在拟定直播预告文案标题时可以展示直播亮点，以引起受众对直播的兴趣。图7-25所示的淘宝中的直播预告文案标题均表明了直播亮点：加赠、新品优惠。

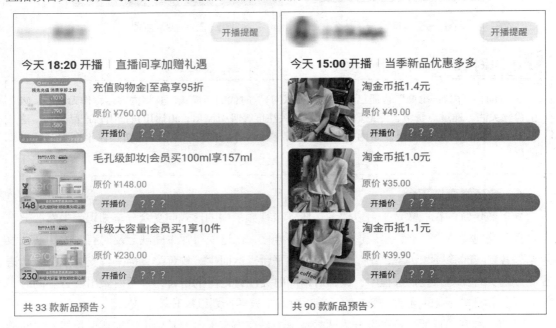

图7-25　直播预告文案标题

文案人员在拟定直播预告的标题时，可以运用以下技巧。

- **经验分享**。包含经验分享的直播标题更受受众的喜爱。例如，"准新娘必看！婚纱究竟怎么选""又甜又新鲜的水果挑选技巧，来直播间告诉你"等。

- **专家讲解**。在标题中表明直播内容由专家讲解意在利用专家的名气来增加标题观点和直播内容的可信度。这类标题一般会精准到人。例如"××（人名）：带你走进水稻的一生""××（人名）：商业分析的前世今生"等。

- **提出疑问**。在标题中提出疑问既可以让受众从提出的问题中了解直播内容，又可以很好地吸引受众的注意。直播预告文案标题多采用"什么是……？""为什么……？""如何……？""……有哪些技巧？"等句式，图7-26所示的直播预告文案就在标题中提出了疑问。

图7-26　提出疑问

2. 内容简介

内容简介是对直播预告文案标题的解释或对直播内容的概括，如图7-27所示。一般来说，直播预告文案的内容简介只要保证内容简单、不拖沓即可，可以与直播嘉宾、粉丝福利（价格优惠等）、特色场景、主播介绍、主打产品故事等有关。

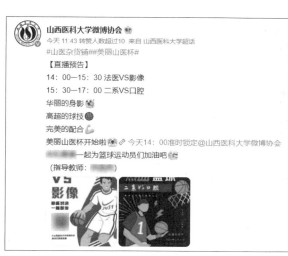 

图7-27　内容简介

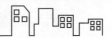
 **专家指导**

> 有的直播团队在直播开播前会以短视频的形式呈现直播预告，如化妆小视频、产品使用视频等，注意要尽量展示产品的核心卖点和直播重点信息。

7.2.3　直播脚本的写作

直播脚本的作用是便于直播团队提前知道直播内容、梳理直播流程、把控直播节奏、推动直播有序进行，以及管理主播话术、对主播的动作行为做出指导。直播脚本主要有单品直播脚本和整场直播脚本两种。

1. 单品直播脚本

一场直播一般会持续2～6小时，会推荐多款产品，单品直播脚本即以单个产品为单位的脚本，以规范产品解说内容，主播应对其烂熟于心。单品直播脚本是围绕产品来写作的，核心是突出产品卖点。以服装为例，单品直播脚本可以围绕服装的尺码、面料、颜色、款式、细节特点、适用场合、搭配来进行说明。

单品直播脚本一般以表格形式呈现，包含品牌介绍、产品卖点、产品优惠信息、注意事项等要素。表7-2所示为某产品的单品直播脚本。

表7-2　某产品的单品直播脚本

项目	宣传点	具体内容
品牌介绍	品牌理念	以向大众提供精致、创新、好用的小家电产品为己任，主张以愉悦、创意、真实的生活体验丰富人生。选择小兔品牌不只是选择一种产品，更是选择一种生活方式
产品卖点	用途多样	具有煮、蒸、涮、炒、煎等多种烹饪功能
	设计	① 产品分体式设计，可以当锅，也可以当碗 ② 外观美观大方 ③ 锅体有不粘涂层，易清洗
产品优惠信息	延续"双十一"优惠	在直播间下单的小伙伴享受与"双十一"同样的价格，下单时备注主播名称
注意事项	引导受众分享直播间并点赞，引导受众加入微信粉丝群

2. 整场直播脚本

整场直播脚本用于对整个直播过程进行规划，通常是对直播流程和内容的细致说明。整场直播通常有一定的流程，首先是开播后的预热活动，引导受众关注；然后是活动剧透，简单介绍所有产品并重点推荐热门产品；接着逐一介绍产品，中途可设置互动环节；最后回顾几款主推产品，吸引受众下单，若第二天还有直播，还可预告第二天的直播内容。表7-3所示为某家电品牌的整场直播脚本。

表7-3 某家电品牌的整场直播脚本

××品牌整场直播脚本			
直播时间	2022/3/26，20:00—22:00		
直播地点	××直播室		
直播主题	××品牌家电促销		
产品数量	10款		
主播介绍	主播：×× 助理：×× 客服：××		
直播流程			
时间段	流程规划	**人员分工**		
		主播	助理	客服
20:00—20:10	预热活动	自我介绍，与先进入直播间的受众打招呼，介绍开场直播截屏抽奖规则，强调每日定点开播，剧透今日主推产品	演示直播截屏抽奖的方法，回答受众在直播间提出的问题	向各平台分享开播链接，搜集中奖者信息，与中奖者取得联系
20:11—20:20	活动剧透	简单介绍本场直播的所有产品，说明直播间的优惠力度	展示所有产品，补充主播遗漏的内容	向各平台推送直播活动信息
20:21—20:25	产品推荐	讲解第1款产品，全方位展示产品外观，详细介绍产品特点，回复受众提出的问题，引导受众下单	协助主播展示、回复受众提出的问题	发布产品的链接，回复受众的订单咨询问题
20:26—20:30	产品推荐	讲解第2款产品	同上	同上
20:31—20:35	红包活动	与受众互动，鼓励受众参与	提示发送红包的时间节点，介绍红包活动的规则	发送红包，搜集互动信息
20:36—20:40	产品推荐	讲解第3款产品	同上	同上
20:41—20:45	产品推荐	讲解第4款产品	同上	同上
20:46—20:50	赠送福利	点赞满××即抽奖，中奖者获得保温杯一个	提示赠送福利的时间节点，介绍抽奖规则	搜集中奖者信息，与中奖者取得联系
20:51—20:55	产品推荐	讲解第5款产品	同上	同上
20:56—21:00	产品推荐	讲解第6款产品	同上	同上
21:01—21:05	赠送福利	点赞满××即抽奖，中奖者获得无门槛优惠券30元	提示赠送福利的时间节点，介绍抽奖规则	搜集中奖者信息，与中奖者取得联系

续表

直播流程				
时间段	流程规划	人员分工		
		主播	助理	客服
21:06—21:10	产品推荐	讲解第8款产品	同上	同上
21:11—21:15	产品推荐	讲解第9款产品	同上	同上
21:16—21:20	产品推荐	讲解第10款产品	同上	同上
21:21—21:25	红包活动	与受众互动，鼓励受众参与	提示发送红包的时间节点，介绍红包活动的规则	发送红包，搜集互动信息
21:26—21:50	产品返场	使呼声较高的产品返场并讲解	协助客服告知主播返场产品，协助主播回复受众提出的问题	协助助理告知主播返场产品，回复受众的订单咨询问题
21:51—22:00	直播预告	剧透明日主推产品，引导受众关注直播间，强调明日准时开播和直播福利	协助主播引导受众关注直播间	回复受众的订单咨询问题

　　整场直播脚本并不是一成不变的，可根据实际情况修改。文案人员在写作整场直播脚本时，在经验积累的基础上可以形成整场直播脚本的模板，以后套用模板填充内容即可。

职业素养

　　直播以其内容和形式的直观性、即时性和互动性，在促进经济社会发展、丰富人民群众的精神文化生活等方面发挥了重要作用。为了促进直播行业健康发展，无论是企业、品牌，还是文案人员、主播，都不得接受未经监护人同意的未成年人的充值打赏，不得组织、煽动受众实施网络暴力，不得组织赌博或变相赌博等线上线下违法活动，应当依法依规开展直播，大力弘扬社会主义核心价值观，扩大优质内容生产。

本章实训

1. 写作短视频脚本

　　短视频脚本是创作的基石，贯穿短视频拍摄的整个过程。本实训要求为某教育类App写作短视频脚本，以帮助读者巩固短视频脚本的相关知识。

【实训背景】

　　技能人才特别是高技能人才是我国人才队伍的重要组成部分，是支持中国制造和中国创造的重要力量，是推动技术变革、产业转型升级的主体力量。近年来，我国围绕人才强省、创新驱动发展战略，把加强技能人才队伍建设作为一项重大任务，高度重视技能人才的质量提升。

育才App是教育培训类App，主要提供技能型学习课程，如汽车制造与试验、数控机床装调维修、动画绘制、计算机程序设计等。为了推广该App，以及实现技能人才培养与企业用人的无缝衔接、与经济发展同频共振，公司决定拍摄一则营销短视频，并将写作短视频脚本的任务交给文案人员赵小小。

【实训要求】

本实训的具体要求如下。

① 按照脚本的写作流程写作短视频脚本。

② 写作结合受众痛点的短视频脚本。

【实施过程】

根据实训要求，本实训的实施过程分为以下3个部分。

（1）确定短视频主题

一般来说，教育类的短视频主题大多为直接推荐教育培训App、传授知识或技巧、发布与某项考试相关的信息等。在赵小小看来，大学毕业后的求职问题是许多大学生的痛点之一，于是她决定写作一则以求职为主题的短视频脚本。

（2）规划内容框架

为了更好地展现短视频主题，赵小小对脚本做出了详细的规划，具体的内容框架如下。

• **人物**。女生A、女生B，面试官C。

• **地点**。某公司面试等待区、校外咖啡厅。

• **事件**。女生A和女生B同为某大学毕业生，她们准备面试同一家公司。面试前，女生A认为自己势在必得。面试后，女生A落选，女生B被录用。第二天，女生A在校外咖啡厅与女生B偶遇。女生A见女生B独自一个人，以为她也没被选上，于是决定安慰她。女生B告诉女生A自己被录用了。女生A表示面试官的问题都很难，问女生B是怎么被选上的。女生B告诉女生A，自己利用育才App学习了很多与岗位有关的技能，面试官C问的问题她都知道。女生A恍然大悟，也决定下载育才App开始学习之路。

（3）填充内容细节

确定好内容框架之后，赵小小开始填充内容细节。在她看来，女生A前期势在必得的状态和后期求职无门的状态，以及女生B低调且不计前嫌的表现等都是需要重点展现的细节。她最终撰写的短视频脚本如表7-4所示。

表7-4　短视频脚本

脚本要点	要点内容
标题	为什么她找工作比我容易？
人物	女生A、女生B、面试官C
场景1：某公司面试等待区	面试等待区的沙发上，女生A不断打理着自己的头发，女生B拿着手机好像在看什么课程。女生A斜了女生B一眼后，对她说："别白费力气了！今天这个岗位我要定了。"女生B微笑不语，女生A感觉有点尴尬，将手上的手机扔进包包里（动作幅度大）。此时面试官叫了女生B的名字，女生B镇定地走向面试室

续表

脚本要点	要点内容
场景2：面试室	女生B面对面试官C提出的问题对答如流，还有条不紊地说出了自己的职业规划。面试官C频频点头，表示很满意，告诉女生B第二天会给她答复
场景3：面试室	面对面试官C提出的问题，女生A回答得磕磕巴巴。面试官同样告诉女生A第二天给她答复
场景4：咖啡厅	第二天，女生A在校外咖啡厅收到了未录用通知。进入咖啡厅后，女生A见到女生B独自一人在喝咖啡，以为她也没被选上，于是坐在女生B对面的位置上，并对女生B说道："真巧啊，原来你也是××大学的。"女生B见到是女生A，也礼貌回应："真的挺巧的，我是××系一班的。"女生B回应道："我是二班的！唉，我昨天以为我肯定会被录用的，结果刚刚被通知落选了！你是不是也没被录用？别气馁，昨天面试官问的问题太难了，很多我们都没有接触过！"此时女生B的手机收到了录用通知，她看了女生A一眼后对她说道："刚刚那家公司通知我下周去报道。"女生A听到后问道："面试的那些问题你竟然都答上来了吗？"女生B告诉她："我一直在用育才App学习，上面有很多技能相关的培训课程，面试官问的问题我都学习过，所以都答上来了！""这么好！我也想下载一个。"女生A说。女生B告诉她："点击视频右下角的链接就可以下载了，评论区还可以领取新人福利试听课程，快去下载吧！"

2. 写作单品直播脚本

单品直播脚本是围绕产品来写的，产品卖点是单品直播脚本的核心。本实训要求为某品牌铁锅写作单品直播脚本，以帮助读者巩固单品直播脚本的相关知识。

【实训背景】

"广州纺缎甲天下，佛山之冶遍天下。"使用红模铸造工艺制造出来的铁锅早在古代就颇具盛名。红模铸造工艺是佛山历史文化瑰宝，是佛山劳动人民智慧的结晶。2017年10月，红模铸造工艺被列入佛山市高明区非物质文化遗产名录。

"匠铸"是一个使用红模铸造工艺的铁锅品牌。"薄"是"匠铸"铁锅的一大特色，其锅壁薄到只有2.2毫米，所以导热均匀，升温快；锅底特意做得厚一些，以更好储热，减少油烟。另外，与不粘锅不同，"匠铸"铁锅不添加涂层，开锅后能慢慢形成油膜，越养越润，越用越不粘；由于没有涂层，因此对身体无害，更不挑锅铲，铁铲、铁勺都能用。另外，"匠铸"铁锅还做了渗氮窒化处理，在锅身上形成保护层，防腐耐锈。图7-28所示为"匠铸"铁锅产品图。

图7-28 "匠铸"铁锅产品图

图7-28 "匠铸"铁锅产品图（续）

为了促进铁锅的销售，"匠铸"决定与某直播达人合作，请该直播达人在直播间宣传铁锅。"匠铸"铁锅零售价为299元，给予直播间的价格为238元。直播达人团队的文案人员孙欢将为该品牌的铁锅写作单品直播脚本。

【实训要求】

本实训的具体要求如下。

① 使用Excel写作单品直播脚本。

② 单品直播脚本要突出产品卖点。

【实施过程】

根据实训要求，本实训的实施过程分为以下两个部分。

（1）提炼产品卖点

孙欢利用FAB法则提炼了"匠铸"铁锅的卖点，具体内容如表7-5所示。

表7-5 利用FAB法则提炼"匠铸"铁锅的卖点

组成	"匠铸"铁锅卖点
属性（Feature）	红模铸造工艺打造，薄、轻，导热快、储热性好
作用（Advantage）	不粘锅、少油烟
益处（Benefit）	易清洗、健康

（2）写作单品直播脚本

孙欢开始利用Excel写作单品直播脚本，具体步骤如下。

写作单品直播
脚本

步骤 01 ▶新建一个空白的Excel表格，将其重命名为"匠铸铁锅单品直播脚本"。

步骤 02 ▶进入Excel表格编辑界面，在A1单元格中输入"直播脚本要素"，在B1单元格中输入"具体内容"，如图7-29所示。

步骤 03 ▶选中A列，将鼠标指针移至A列与B列的中间线上，当鼠标指针变为"╋"时，双击鼠标左键，此时A1单元格的内容可完整显示，效果如图7-30所示。

步骤 04 ▶在A2单元格中输入"品牌介绍"，在B2单元格中输入与品牌相关的内容后，将鼠标指针移至B列与C列的中间线上，当鼠标指针变为"╋"时，长按鼠标左键向右拖动到合适位置，调整B2单元格的宽度。

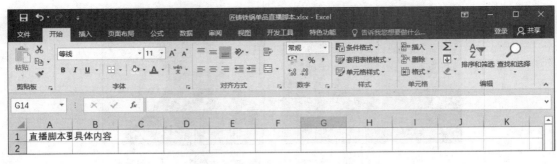

图7-29　输入文本

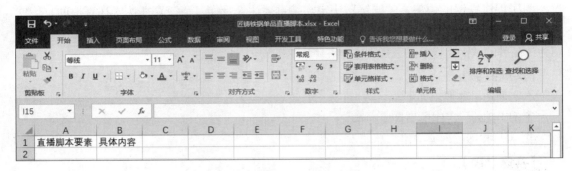

图7-30　完整显示文本

步骤 05 ▶单击工具栏中"对齐方式"组中的"▤"按钮，使B2单元格中的文本变为多行显示，如图7-31所示。

图7-31　多行显示文本

步骤 06 ▶在A3单元格中输入"产品名称"，在B3单元格中输入"匠铸铁锅"。

步骤 07 ▶在A4单元格中输入"零售价"，在B4单元格中输入"299元"。

步骤 08 ▶在A5单元格中输入"直播到手价"，在B5单元格中输入"238元"。

步骤 09 ▶在A6单元格中输入"产品卖点"，然后根据表7-5中提炼的卖点进行扩充，并在B6单元格中输入扩充内容，按照步骤05的方法使文本多行显示并分点陈列，效果如图7-32所示。

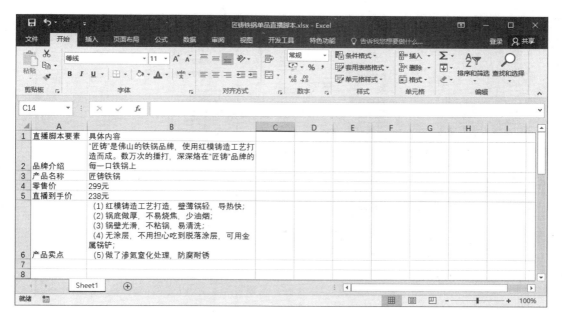

图7-32　输入脚本内容

步骤 10 ▶选中A列，先单击工具栏中"对齐方式"组中的"≡"按钮，使A列的文本垂直居中显示；然后单击"≡"按钮，使文本居中显示。

步骤 11 ▶使用同样的方法使B1、B3、B4、B5单元格的文本垂直居中对齐显示，效果如图7-33所示。

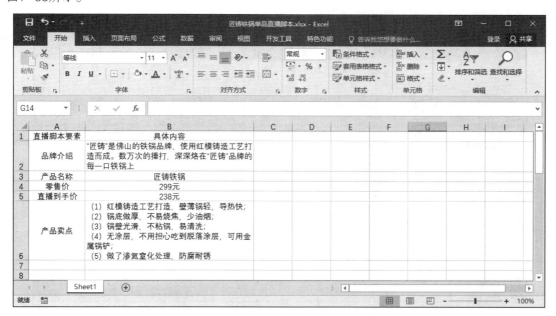

图7-33　垂直居中显示文本

步骤 12 ▶选中A1、B1单元格，设置字体格式为"16号，加粗"，然后为其设置填充颜色为"橙色，个性色2，淡色80%"，效果如图7-34所示。

图7-34　设置字体格式和颜色

步骤 13 ● 选中A1:B6单元格，单击工具栏中"字体"组中的"▦ ▾"下拉按钮，在打开的下拉列表中选择"所有框线"选项，为其添加边框，效果如图7-35所示。

图7-35　添加边框

步骤 14 ● 单品直播脚本写作完成，按【Ctrl+S】组合键保存表格（配套资源：\效果\第7章\匠铸铁锅单品直播脚本.xlsx）。

拓展延伸

短视频和直播营销是现在非常热门的一种营销方式，因此掌握短视频和直播文案的写作非常重要，下面将对短视频和直播文案相关的基础知识进行补充，以帮助文案人员写出吸引力强的短视频和直播文案。

1. 短视频脚本有什么作用？

短视频脚本是短视频内容的大纲，可以确定内容的发展方向。除此之外，短视频脚本还有以下4个作用。

- **提高拍摄效率**。短视频脚本的一个重要作用是提高短视频拍摄团队的工作效率。首先，短视频脚本可以让拍摄团队有清晰的目标，形成顺畅的拍摄流程；其次，一个完整、详细的短视频脚本能够让拍摄团队在拍摄的过程中更有目的性和计划性；再次，短视频脚本有助于拍摄团队为拍摄做好准备工作；最后，短视频脚本能为后期剪辑提供依据，提升成片质量。

- **保证短视频的主题明确**。短视频脚本有利于保证整个拍摄的过程都围绕主题进行，为主题服务。

- **降低沟通成本**。短视频脚本可以减少拍摄过程中由解决分歧和争论产生的沟通成本，让整个拍摄工作进行得更加顺畅。

- **提高短视频制作质量**。有的短视频脚本还会确定景别、演员服装、道具、妆容、表情，以及背景音乐和剪辑效果等内容，有助于精雕细琢短视频画面细节，提升短视频制作质量。

2. 短视频脚本有哪些类型？

短视频脚本通常可以分为提纲脚本、文学脚本和分镜头脚本3种，它们分别适用于不同类型的短视频内容。分镜头脚本适用于有剧情且故事性强的短视频，脚本中的内容更丰富和细致，也需要文案人员投入更多的精力和时间；而提纲脚本和文学脚本则更有个性，对创作的限制不那么多，能够给拍摄团队留下更大的发挥空间，更适合短视频新手。

（1）提纲脚本

提纲脚本涵盖短视频内容的各个拍摄要点，通常包括对主题、视角、题材形式、风格、画面和节奏的阐述。表7-6所示为介绍青龙湖的短视频的提纲脚本。

表7-6　介绍青龙湖的短视频的提纲脚本

提纲要点	要点内容
主题	青龙湖的美丽风景
地理位置	① 远处清晰可见的龙泉山、对面的成都大学、附近的东风渠、通向青龙湖的主要道路（高架桥、三环路、四环路）（以摇镜头为主、包括全景、远景，使用无人机航拍）； ② 拍摄地铁站，公交站，步行道，骑行道，青龙湖东、南、西、北4个大门及门前的主要标志（使用无人机拉镜头航拍4个大门）
著名景观	① 湖景、亭台楼阁、两个长堤、青龙渡口、观景平台、墨池怀古、润荷听雨、石桥龙泽、龙舞花间、黄泥堰、湖心岛； ② 各种植物、鸟类（剪辑时加入珍稀动植物的图片和视频）

提纲要点	要点内容
人文特色	① 朱熹宗祠、明代蜀王陵； ② 儿童科普园、运动健身器材（最好有市民健身的视频）
美丽夜景	① 青龙湖夜景（使用无人机航拍）； ② 傍晚的湖堤、湖面上星星点点的灯光

（2）文学脚本

文学脚本类似电影剧本，以故事的开始、发展和结尾为叙述线索。文学脚本中通常只需要写明短视频中的主角需要做的事情或任务、台词和短视频的时间长短等。简单来说，文学脚本需要表述清楚故事的人物、地点、事件等。

（3）分镜头脚本

分镜头脚本会讲清楚不同镜头的短视频画面。分镜头脚本的内容更加精细，能够表现短视频前期构思时对短视频画面的构想，可以将文字内容转换成可以用镜头表现的画面，因此，比较耗费时间和精力。分镜头通常脚本包括画面内容、景别、拍摄方式（镜头运用）、时长、台词和音效等内容。有些专业短视频团队撰写的分镜头脚本甚至会涉及摇臂使用、灯光布置和现场收音等内容。分镜头脚本可以分为图文集合型分镜头脚本（见图7-36）和纯文字型分镜头脚本两种类型。

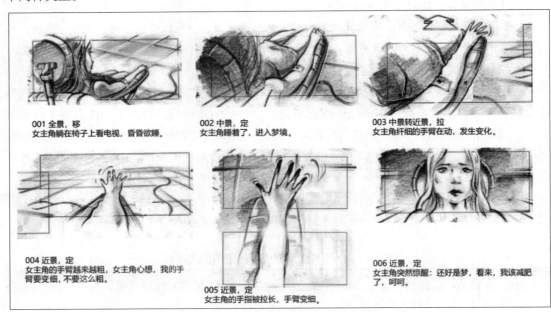

图7-36　图文集合型分镜头脚本

3. 直播话术也属于直播文案吗？如何设计直播话术？

直播以主播口述的形式来开展营销，吸引受众停留在直播间，并引导受众做出点赞、下单等行为。但直播时并不是主播想怎么说就怎么说，也需要运用相应的话术。因此，主播的直播话术也属于直播文案。整场直播包含"开场""引关注""促转化""保留存"等环节，各个环节都有相应的话术设计，具体如下所示。

- **开场话术**。开场话术用于直播暖场，可以使用一些顺口的欢迎语，也可以告知受众本场直播的主要内容。例如，"大家好，我是主播××！欢迎小伙伴们来到我的直播间，希望大家多多支持，多多捧场哦！""大家好，我们是厂家自播，没有中间商赚差价，我们会给你们非常低的折扣！"等都是常用的开场话术。

- **引关注话术**。在直播间内，主播还要见缝插针地说一些引导话语，如开播后、推荐产品前。因为直播过程中随时都有受众进入直播间，所以不能放弃让受众关注主播的机会。主播运用引导话术，反复提醒受众关注，对提高直播间人气有很大的帮助。"欢迎××来到直播间，喜欢主播的点个关注哦！""刚进来的小伙伴没有关注主播的点点关注哦""欢迎来到××直播间，关注主播不迷路哦！"等都是常用的引关注话术。

- **促转化话术**。促转化即促进产品销售，这类话术主要用于引导受众下单购买产品。促转化话术要做到：打消受众顾虑，取得受众的信任；制造稀缺感和紧迫感；凸显优惠。"这款产品我自己就在用，已经用了好几年了，真的特别好用！""还有最后5分钟，没有下单的小伙伴们赶紧下单！""小伙伴们，我们这次活动的优惠力度真的很大，现在拍能省××元，直播间还赠送一个价值××元的小礼品，喜欢的小伙伴赶紧拍！"等都是直播间常用的促转化话术。

- **保留存话术**。在直播过程中，主播还要使用保留存话术将受众留下来，使受众愿意持续留在直播间。让受众留在直播间的方法很多，如发红包、抽奖等活动，或与受众进行互动等。采用不同的方法需要配合相应的话术，以便收到更好的效果。例如，"下一次抽奖将在××分钟后进行！我们会送出××大礼！小伙伴们千万不要走开！""想要的小伙伴打出1，让我看到小伙伴们的热情！""小伙伴们点点右下角的小红心，每满5000个就发一次红包，快分享直播间给你的朋友们，一起领红包吧！"等都是常用的保留存话术。

📖 课后练习 •••••

　　近年来，盘锦市充分发挥"国家级生态示范区"和"国家有机食品生产示范基地"的优势，大力建设有机、绿色、无公害稻米生产基地，重点推进了百万亩优质水稻工程，采用科学种植技术和创造性实施"稻蟹共生、一地两用、一水两养、一季三收"蟹稻共生原生态种养模式。作为中国国家地理标志产品的盘锦大米是盘锦市的特色农产品，深受全国各地人民的喜爱。

　　李翔是盘锦市的一名生产户，主要销售盘锦大米和河蟹。图7-37所示为其种植生产的盘锦大米。临近盘锦大米的丰收季，李翔决定利用短视频和直播来销售盘锦大米，大米的零售价为79.9元/袋，每袋为5千克，直播价为69.9元。请同学们

图7-37　盘锦大米

根据下文提示为其写作对应的短视频和直播文案。

① 为了让短视频更加吸引受众，标题可以怎么写？请在下方横线上为短视频编写一个吸引力比较强的标题。

标题：_____

_____

_____

② 结合热点的短视频脚本具有较强的传播性，请按照以下步骤为盘锦大米写作一个结合了热点的短视频脚本。

　　a. 确定短视频主题

_____

_____

　　b. 规划内容框架

_____

_____

　　c. 填充内容细节

_____

_____

_____

③ 观看直播平台中有关大米的直播，试着在表7-7中为其写作一个单品直播脚本。

表7-7　盘锦大米单品直播脚本

脚本要点	要点内容